Kauderwelsch

Al Page

Türkisch Slang

das andere Türkisch

Für Julian und Zafer

Kauderwelsch
Band 183

Impressum

Al Page
Türkisch Slang — das andere Türkisch
erschienen im
REISE KNOW-HOW Verlag Peter Rump GmbH
Osnabrücker Str. 79, D-33649 Bielefeld
info@reise-know-how.de

Bearbeitung & Layout Christine Schönfeld
Layout-Konzept Günter Pawlak, FaktorZwo! Bielefeld
Umschlag Peter Rump
Fotos Al Page
Druck und Bindung Fuldaer Verlagsaanstalt GmbH & Co. KG, Fulda

ISBN-10: 3-89416-470-0
ISBN-13: 978-3-89416-470-6
Printed in Germany

Dieses Buch ist erhältlich in jeder Buchhandlung der BRD, Österreichs, der Schweiz und der Benelux. Bitte informieren Sie Ihren Buchhändler über folgende Bezugsadressen:
BRD Prolit GmbH, Postfach 9, 35461 Fernwald (Annerod) sowie alle Barsortimente
Schweiz AVA-buch 2000, Postfach 27, CH-8910 Affoltern
Österreich Mohr Morawa Buchvertrieb GmbH, Sulzengasse 2, A-1230 Wien
Belgien & Niederlande Willems Adventure, Postbus 403, NL-3140 AK Maassluis
direkt Wer im Buchhandel kein Glück hat, bekommt unsere Bücher zuzüglich Porto- und Verpackungskosten auch direkt beim Verlag oder über unseren Internet-Shop:
http://www.reise-know-how.de
Zu diesem Buch ist ein **Tonträger** (Audio-CD) erhältlich, ebenfalls in jeder Buchhandlung der BRD, Österreichs, der Schweiz und der Beneluxl-Staaten.
Der Verlag möchte die **Reihe Kauderwelsch** weiter ausbauen und **sucht Autoren**!
Mehr Informationen finden Sie auf unserer Internetseite
www.reise-know-how.de/buecher/special/schreiblust-inhalt.html

Kauderwelsch-Slangführer sind anders!

Warum? Sie sind bestens mit der Landessprache vertraut und verstehen trotzdem nur die Hälfte, wenn Sie mit den Menschen vor Ort so richtig ins Gespräch kommen?

Gerade wenn Sie sich in der „Szene" bewegen oder Menschen in ihrem ganz normalen Alltag antreffen, sie auf der Straße ansprechen, mit ihnen ein Bier in der Kneipe trinken, ist deren Sprachgebrauch Meilen entfernt von der offiziell verwendeten Hochsprache in den Medien und den Bildungsinstituten.

Man bedient sich der **lockeren Umgangssprache** und vieler **modischer Slangbegriffe**, die oft nicht einmal die gesamte Bevölkerung versteht, sondern nur bestimmte Altersschichten, eingeschworene Szenemitglieder oder Randgruppen.

Die meisten Slangausdrücke haben eine kurze Lebensdauer und finden nie den Weg in das Lexikon. **Slang ist vergänglich.** Aber es bringt die nötige Würze in das sonst zu dröge daherkommende, in der Hochsprache geführte Gespräch.

Die wahre Vielfalt einer Sprache liegt in diesem lebendigen Mischmasch von Hochsprache, Umgangssprache und Slang. In diesem bunten Mix spiegeln sich **Lebensart, Lebensgefühl** und **Lebensphilosophie** der Menschen vor Ort.

Da die Umgangssprache eher gesprochen als geschrieben wird und es für deren Schreibweise keine festen Regeln gibt, werden Sie immer wieder auf unterschiedliche Schreibweisen der Slangworte stoßen, wenn Sie diese denn einmal geschrieben sehen.

Die AutorInnen werden Sie immer wieder zum Schmunzeln bringen und Ihnen gekonnt Mentalität und Lebensgefühl des jeweiligen Sprachraumes vermitteln. Es werden Wörter, Sätze und Ausdrücke des Alltags aus der Kneipe und dem Arbeitsleben, die Sprache der Szene und der Straße erklärt. Im Anhang sind diese in 1000 Stichworten geordnet, damit Sie die täglich gehörten Begriffe und Wendungen finden können, die bisher kaum in Wörterbüchern aufgeführt sind.

Inhalt

Einleitung

Die lockere Sprache des Alltags

Anhang

Selam arkadaşlar!

Sie wollen also voll krass Türkisch-Slang lernen? Sie verfügen bereits über ein enormes Wissen über die türkische Sprache und Kultur, weil Sie irgendwann einen Türkisch-Kurs an der Volkshochschule absolviert, den Strand von Antalya besucht haben, Turkologie studieren oder mit einem Türken/einer Türkin verheiratet sind? Das ist gut, aber wie jede Sprache hat auch die türkische Sprache ihre ganz besonderen Eigenheiten, die dem ausländischen Hochschulstudenten oder Sprachenlerner (meistens) verborgen bleiben. Sie können vielleicht schon ganz gut Türkisch reden, doch Sie werden sich wahrscheinlich viel zu steif und viel zu öde anhören. Das meine ich gewiss nicht abwertend. Aber um die wirklich gesprochene Sprache zu verstehen, bedarf es mehr als eines Studiums. Ich werde Sie in diesem Buch in die Geheimnisse des Slangs meiner Landsleute einführen.

Wo kann man Türkisch-Slang lernen? Ich muss zugeben, dass an dieser Art von Sprachkurs eine sehr rare Auswahl existiert. Am besten lernt man eine Sprache in dem Land, in dem man sich aufhält, oder wenn man mit Personen befreundet ist, deren Muttersprache die Sprache ist, die Sie lernen. Selbstverständlich werden Sie mit Ihren Sprachkenntnissen, die Sie sich an der Volkshochschule, im Privatunterricht oder während Ihres Turkologie-Studiums angeeignet haben, ohne Probleme verstanden werden. Doch in einer verbal richtig heftigen Konversation, wenn es sozusagen „zur Sache" geht, oder in einer Unterhaltung mit zwei Türken werden Sie notgedrungen den Kürzeren ziehen. Ja, selbst Türken verstehen teilweise den Begriff nicht, weil er nur von bestimmten Volksgruppen, Randgruppen oder Personenkreisen verwendet wird. In diesem Buch ist der Slang aufgeführt, der in der Türkei, speziell in İstanbul, gesprochen wird. Ich möchte Sie an dieser Stelle ausdrücklich vor Vokabeln warnen, die elendig dreckig sind. Wir Türken sind ein sehr temperamentvolles Volk. Die Ausdrücke, die hier verwendet werden, insbesondere was die Drogen, Kraftausdrücke, Schimpfwörter, diskriminierenden Ausdrücke für Ausländer und Fremde und sonstige vulgäre Wörter betrifft, haben nichts mit meiner Einstellung zu tun. Sie dienen lediglich zur Information, da man sie ständig hört. Vermeiden Sie den Gebrauch dieser Wörter. Wenn Sie sie verwenden sollten: dann fliehen Sie, so schnell Sie nur können. Wenn Sie aber mit einem dieser Begriffe angesprochen werden, dann überlasse ich es Ihnen, was Sie mit derjenigen Person anstellen möchten.

Sich nur auf Slangniveau zu unterhalten, ist armselig und zeugt von Bildungslosigkeit. Die Mischung aus Slang und Hochsprache macht aber eine Unterhaltung erst richtig interessant. Ich habe dieses Buch geschrieben, damit Sie eine gesunde Mischung aus Slang und Hochsprache kreieren können, und somit nicht außen vor gelassen werden. Es ist mir wichtig, dass Sie diese Begriffe während Ihres Türkei-Aufenthaltes verstehen.

Wie jeder Autor habe auch ich liebenswürdige Helfer und Ideengeber bei der Erstellung dieses Buches gehabt. Namentlich danke ich meinem Bruder Aytaç, meinem Cousin Zafer Yakarışık, Nicole Seckinger, meinen Eltern Sadiye und Lütfü, und meinem Sohn Julian für alle Tipps und Ratschläge.

Dieses Buch erhebt keinen Anspruch auf Vollständigkeit, und kann es auch nicht. Es ist aber aktuell und dank Ihrer Hilfe wird es auch aktuell bleiben. Es kann und will auch kein allgemeines Wörterbuch ersetzen. Teilen Sie mir bitte per e-Mail über den Verlag mit, wenn Sie während Ihrer Türkei-Reise ein Wort gehört haben sollten, das nicht hier aufgeführt ist (inkl. die Gegend, in der Sie das Wort gehört haben). Nun ja, andernfalls wünsche ich Ihnen

iyi eğlenceler ve ineklemekte kolay gelsin!

Al Page

Seitenzahlen
Um Ihnen den Umgang mit den Zahlen zu erleichtern, wird auf jeder Seite die Seitenzahl auch auf Türkisch angegeben!

Etwas über türkischen Slang

Es ist schon sehr waghalsig, was ich Ihnen zu erklären versuche. Eine exakte Antwort darauf, was türkischer Slang ist, gibt es nicht. Wissenschaftler und Sprachforscher versuchen dieses Phänomen vergeblich zu enträtseln, aber gönnen wir ihnen den Spaß. Grob vereinfachend kann man den türkischen Slang als die Sprache des „einfachen Mannes" oder der „einfachen Frau", nach dem Motto **köyden indim şehre**, zu Deutsch: *bin vom Dorf in die Stadt herunter gekommen* (man nimmt an, dass das Dorf in den Bergen liegt), bezeichnen. Man nennt diese Menschen abfällig **kıro**, die dem wirtschaftlichen Chaos in ihrer Heimat entfliehen und das Glück in der Großstadt suchen.

Im 17. und 18. Jh. pflegten der Sultan des Osmanischen Reiches und der französische König sehr gute Beziehungen, diplomatische wie auch kulturelle. Die Franzosen übernahmen von den Türken den Kaffee- und Tabakgenuss, wir übernahmen viele Wörter. Das lag zum einen daran, dass es schick klang, und zum anderen daran, dass es keine Übersetzungen für diese Wörter gab. Somit schlichen sich viele französische Wörter in unsere Sprache. Dieser „Einverleibungsdrang" blieb bis ins 20. Jahrhundert bestehen.

Unter türkischen Slang fällt auch **Kaba Türkçe**, sozusagen das Straßentürkisch, das von meistens ungebildeten Türken gesprochen wird. Auf den Baustellen und Hinterhöfen wird speziell **argo** gesprochen (wie in Deutschland auch ...), was man als „grob" oder „ungehobelt" übersetzen kann. Das **argo** gilt auch als der „offizielle" Slang der Türkei. Auch die Sprache der Jugend kann man, zumindest teilweise, unter „Slang" einordnen.

Bis 1928 hat man in der Türkei das arabische Alphabet benutzt. Mustafa Kemal Atatürk führte das lateinische Alphabet ein. Es wurden viele neue Wörter kreiert, wiederum andere, aus dem Arabischen entnommene Wörter, abgeschafft. Unsere ehrwürdige **Türk Dil Kurumu,** die Gesellschaft für die türkische Sprache, wacht über den Sprachgebrauch.

Alles, was in irgendeiner Weise mit unserer Sprache zu tun hat, steht auf wackeligen Füßen. So auch unsere Rechtschreibung. Ich gebe Ihnen mal ein kleines Beispiel: das Wort *Moschee* bedeutet auf Türkisch **camii**. So geschrieben folgt es der ursprünglichen Schreibweise, die aus dem Arabischen stammt. Heute ist auch die Version **cami** erlaubt, weil das „i" (anders als im Arabischen) kurz ausgesprochen wird. Alle sind verwirrt, selbst die größte Tageszeitung der Türkei, die **Hürriyet,** ist sich hier nicht einig, wie sie **cami** schreiben soll: ich fand in einer Ausgabe dieses Wort in beiden verschiedenen Schreibweisen. Wenn wir nicht einmal für die Hochsprache eine verbindliche Rechtschreibregel haben, wie sollen wir dann Slangausdrücke schreiben?

In den 30er Jahren gab es eine massive Sprachreform, die auch in der Umgangssprache tiefe Spuren hinterlassen hat. Man hat versucht, viele arabische und persische Lehnwörter durch Neukreationen zu ersetzen. Es gelang in vielen Bereichen, doch nicht in allen.

Im Zuge der Europäisierung und Technisierung wanderten viele angelsächsische Wörter in die türkische Sprache. Man hat sich weitestgehend bemüht, neue Wörter zu kreieren, anstatt die englischen Wörter radikal zu übernehmen. So heißt der Computer in der Türkei **bilgisayar**, was soviel wie *Wissenszähler* bedeutet, und das Handy wird als **cep telefonu**, *Hosentaschentelefon*, oder kurz: **cep**, bezeichnet. Download bleibt allerdings download, auch bei uns in der Türkei.

Aussprache des Türkischen

Gleich zu Beginn möchte ich einen meiner Freunde zitieren: „Weißt du, Deutsch ist viel einfacher als Türkisch. Wir sprechen alles so wie wir es schreiben". Mein lieber Freund Martin hat da Recht. Ein paar Tage später erörterte ich mit meiner Mutter das Thema. Sie meinte daraufhin: „Ach was, Türkisch ist einfacher als Deutsch. Wir sprechen so wie wir schreiben". Hmm, meine Mutter hat auch Recht. Ich überlasse es somit Ihnen, was einfacher zu schreiben und zu sprechen ist. Als Stütze gebe ich Ihnen einen Überblick über die Aussprache des Türkischen. In Klammern steht die Aussprache im Türkischen:

Kauderwelsch-AUDIO

Falls Sie sich die wichtigsten türkischen Sätze, die in diesem Buch vorkommen, einmal von einem Türken gesprochen anhören möchten, kann Ihnen Ihre Buchhandlung das ***begleitende Tonmaterial auf Audio-CD*** *zu diesem Buch besorgen. Sie bekommen es auch über unseren Internetshop* ***www.reise-know-how.de***

A a (a)	wie im Deutschen, aber etwas kürzer, wie etwa in „Kante“
B b (be)	wie im Deutschen
C c (ce)	stimmhaft, so ähnlich wie in „Dschungel“
Ç ç (çe)	stimmlos, wie in „Tschechien“
D d (de)	wie im Deutschen
E e (e)	wie im Deutschen, meistens aber offen, eher wie ein deutsches „ä“
F f (fe)	wie im Deutschen
G g (ge)	vor **e, i, ö und ü** klar und betont, wie in „gesund“ vor **a, ı, o und u** ziemlich dumpf (hierbei wird der Laut im hinteren Gaumenbereich erzeugt) vor **a mit Zirkumflex** (als Kind habe ich immer „Dächlein“ dazu gesagt) sehr hell und betont. Hört sich wie ein angefügtes i an. Beispiel: **gâvur** *(Gottloser)*, sprich: giavur.
ğ (yumuşak ge, *wörtl.: weiches g*)	kein gesprochener Buchstabe, dient zur Verlängerung des vorangehenden Vokals. Beispiel: **yağmur** *(Regen)*, sprich: yaamur.
H h (he)	am Wortanfang wie im Deutschen am Silbenende wie ein ch, nur etwas schwächer als in „machen“
I ı (ı)	ein sehr dumpfes, kurzes und kaum hörbares „i”, so ähnlich wie in „komm<u>e</u>n“
İ i (i)	in der ersten Silbe betont wie in „bis“, ansonsten offen wie in „bin“
J j (je)	wie ein französisches „j“ in Journal
K k (ka)	vor **e, i, ö und ü** klar und betont, wie in „kalt“ vor **a, ı, o und u** ziemlich dumpf und kurz vor **a mit Zirkumflex** hell und betont.

	Hört sich wie ein angefügtes, sehr schwaches „y“ an. Beispiel: **kâse** *(Schale)*, sprich: kyase.
Vorsicht: manche arabischen Lehnwörter bilden da Ausnahmen!	
L l (le)	wie im Deutschen, bei manchen Wörtern wie das „l“ im englischen „alright“
M m (me)	wie im Deutschen
N n (ne)	wie im Deutschen
O o (o)	wie im Deutschen, aber meistens kurz wie in „kommen“
Ö ö (ö)	wie im Deutschen, aber meistens kurz wie in „Körper“
P p (pe)	wie im Deutschen
R r (re)	am Silbenanfang offenes, scharfes „r“ am Silbenende dumpfes, stimmloses „r“
S s (se)	wie ein „ß“ in „groß“ gesprochen
Ş ş (şe)	wie ein deutsches „sch“
T t (te)	wie im Deutschen
U u (u)	wie im Deutschen, aber kurz und offen wie in „Mutter“
Ü ü (ü)	wie im Deutschen
V v (ve)	wie ein deutsches „w”
Y y (ye)	wie ein deutsches „j“ in „Joghurt“
Z z (ze)	stimmhaftes und weiches „s“ wie in „super“

Ich muss zugeben, dass es etwas schwierig ist, die Aussprache des Türkischen schriftlich niederzulegen. Mitunter werden Sie in der Türkei Abweichungen erkennen, da bei einigen Dialekten die Aussprache sehr variiert. Im Südosten der Türkei zum Beispiel wird das **yumuşak ge (ğ)** hörbar, ähnlich wie ein „ch“ im Deutschen ausgesprochen.

Regionale Unterschiede in der Aussprache

İstanbul ist mit mehr als sage und schreibe 16 Millionen Einwohnern die größte Stadt der Türkei, wobei selbst diese Zahl auf wackeligen Füßen steht. Inoffiziellen Schätzungen zufolge liegt die Einwohnerzahl von İstanbul noch weit höher. Ungefähr jeder sechste Türke wohnt in İstanbul. In İstanbul spricht man das sauberste Türkisch, sozusagen Hochtürkisch. Wenn Sie diese Aussage vernehmen sollten, können Sie gerne darüber nachdenken und mitunter auch daran zweifeln. Nun ja, eigentlich stimmt es schon, allerdings trifft das nur auf die zu, die seit Generationen in İstanbul leben. In İstanbul leben Menschen aus allen Ecken und Enden der Türkei, was dazu führt, dass der Slang und die Hochsprache unheimlich gerührt, gemischt und geschüttelt wird.

Die Menschen, die in der Gegend um Edirne/Kırklareli (Westtürkei) leben, lassen bei vielen Wörtern, insbesondere bei Tätigkeitswörtern, grundsätzlich das Ende fallen und beenden alles auf den Buchstaben „i“. Das hört sich dann ungefähr so an:

geli/ler	***geliyor/lar***	(er,sie,es)kommt/ sie kommen(pl.)
duri/ler	***duruyor/lar***	(er,sie,es)steht/ sie stehen(pl.)
söyli/ler	***söylüyor/lar***	(er,sie,es)sagt/ sie sagen(pl.)

Auffällig ist auch, dass das Wortende nicht der grammatikalischen Regel folgt, sondern mir **-ler** statt **-lar** endet. In der Mehrzahl sagt man dort nicht **sunuz,** sondern **siniz.**

Sen ney di(n) be?
sen ne diyorsun be?
Was sagst du da?

Saba erken kalkisiniz?
sabah erken kalkıyormusunuz?
Steht ihr morgen früh auf?

Eine andere Besonderheit pflegen die Lazen, eine Volksgruppe in Norden der Türkei, besser gesagt in der Schwarzmeerregion. Auffällig ist, dass sie das „tsch", im Türkischen mit dem Buchstaben **ç** dargestellt, durch ein „s" ersetzen, was aber nicht grundsätzlich für alle Sprecher dieses Dialektes gilt. Ach, das will ich nicht vergessen: das „da" am Ende des Satzes muss immer mit.

Ben senu sok seveyrum da.
ben seni çok seviyorum
Ich liebe dich so sehr.

Sen herşeyu yanliş anlamişsun da.
sen herşeyi yanlış anlamışsın
Du hast alles falsch verstanden.

In der Gegend um Trabzon/Rize/Artvin wird das **g** gegen ein **c** ausgetauscht:

Ben yarun eve cideyrum.
ben yarın eve gidiyorum
Ich gehe morgen nach Hause.

Und das **i** und **ü** gegen ein **u:**

Canum cierum, beni culdurme.
canım ciğerim, beni güldürme
Mein lieber Freund, mach dich nicht lächerlich.

Im tiefsten Anatolien, in der Gegend um Kars/Ağrı/Van, wo der Schnee im Massen liegt und die Winter hart sind, sprechen die Menschen mit einem sehr harten Akzent, was sie in anderen Regionen der Türkei sofort erkennen lässt, wo sie herkommen. Diesen Satz habe ich in der Tageszeitung **Hürriyet** in Mundart geschrieben gelesen. Ich habe zur besseren Aussprache den Satz „deutschkonform" verfasst:

Yau, Estambul'a beş charış char yahmış, trafik sıchışmış!
yahu, İstanbul'a beş karış kar yağmış, trafik sıkışmış
Mann, in İstanbul hat es etwas geschneit, der Verkehr soll zusammengekracht sein!

(wörtl.: Mann, in İstanbul hat es fünf Handspannen geschneit, der Verkehr sei steckengeblieben!)

Nun ja, so ganz nebenbei war das noch ein Seitenhieb auf die İstanbuler. In der Osttürkei liegt im Winter teilweise drei Meter Schnee!

Regionale Unterschiede in der Aussprache

Eine Besonderheit der Sprache ist bei Menschen aus Mittelanatolien zu beobachten. Sie fügen am Satzende ein leicht gehauchtes nasales „g“ an. Diese Eigenart ist in einer anderen Turksprache, dem Usbekisch, sehr geläufig, was aber zur Sprache dazugehört. Hinzu kommt noch, dass sie das „y“ in vielen Wörtern unterdrücken und das „k“ durch ein „g“ ersetzen. Wenn mein Freund Ahmet, der aus Kahramanmaraş/Mittelanatolien kommt, spricht, hört sich das ungefähr so an:

Hasan, sen ner(y)e gidyon(g)?
Hasan, sen nereye gidiyorsun?
Hasan, wo gehst du hin?

Solch eine ähnliche Sprachfärbung haben auch Menschen, die in der Gegend um **Ankara/Konya/Niğde** wohnen.

So, genug der Theorie und Sprachwissenschaft. Es ist allerdings wichtig zu wissen, dass die Türkei ein Vielvölkerstaat ist. Da hört sich jedes Wort, egal ob nun Slang oder Hochsprache, ganz anders an. Das liegt mitunter auch daran, dass wir ziemlich schnell sprechen, sodass ein Neuling der türkischen Sprache es schwer hat, alles zu verstehen. Um Zeit zu sparen, ziehen wir manche Wörter zusammen, deren Zusammenhang man erst dann wahrnimmt, wenn man sie langsam spricht. Einige Beispiele dazu:

naaber? *Welche Nachricht?*	ne haber?	Wie geht's?
nediyon?	ne diyorsun?	Was sagst du?
neregidyon?	nereye gidiyorsun?	Wohin gehst du?
(i)yakşamlar	iyi akşamlar	guten Abend
geçotr	geç otur	komm, setz dich
hayrola?		na, was ist los?, nanu?

Achtung: das wird nur dann verwendet, wenn jemand seinen schlechten Gemütszustand kundtut. Es ist aus **hayır olsa** (wörtl.: sei es etwas Heilvolles) abgeleitet und in der Slangschreibweise offiziell anerkannt. In einer Konversation hört sich das ungefähr so an:

Eh, ne var ne yok?
Und, was gibt's, was gibt's nicht?
Und, alles klar?

Sorma yahu, işler boktan.
Mann, frag nicht, die Arbeit geht beschissen
Ach, hör auf, es läuft alles Scheiße.

Hayrola, neyin eksik?
Nanu, was fehlt dir?
Nanu, was geht denn ab?

Vielleicht werden Sie sich den Kopf darüber zerbrechen, wie schwer doch Türkisch sei. Ich verweise Sie freundlich an meine ehemaligen Deutschschüler, die auch mit solch ähnlich harten Nüssen in der deutschen Sprache zu kämpfen hatten, und sie letztlich geknackt haben. Denken Sie nur einmal an das deutsche „Gudnabnd“! Wenn das Ausländer in Deutschland zum ersten Mal hören, können sie damit nichts anfangen. Solche Wortzusammenziehungen existieren in jeder Sprache der Welt. Lassen Sie sich davon nicht durcheinander bringen.

Kapkara ve bembeyaz – Intensivierungen

Alles ist steigerbar. Wie die Steuern in Deutschland zum unaufhaltsamen Aufstieg verdammt sind, werden im Türkischen auch Wörter Opfer von Intensivierungen. Dies drückt sich wie folgt aus:

	bembeyaz	strahlendweiß
	simsiyah	pechschwarz
	kapkara	tiefschwarz
(*schweißsauber*)	**tertemiz**	blitzblank
	bomboş	leergefegt
	dopdolu	proppevoll
	apaçık	aufgerissen (Tür), offensichtlich (Tatsache)

ıpıslak	pitschenass
taptaze	ganz frisch, ofenfrisch
dosdoğru	schnurstracks
besbelli	sonnenklar
kapkaranlık	stockdunkel
güpegündüz	am hellichten Tag
düpedüz	völlig eben
dümdüz	völlig gerade
çırılçıplak	splitterfasernackt
karmakarışık	chaotisch, heillos durcheinander
bomboktan	total beschissen

Ahmetcik ve Mehmetcik
– Verniedlichungen und Abkürzungen

Wir können es nicht lassen: wir kürzen alles ab, was sich zum Abkürzen eignet. Insbesondere Vornamen, männliche wie weibliche, verfallen diesem Syndrom. Mit Verniedlichungen zeigt man seine Sympathie gegenüber dem anderen, was also nichts Negatives bedeutet. Doch seien Sie bitte vorsichtig im Umgang mit Verniedlichungen. Solange Sie jemanden nicht duzen, sollten Sie Verniedlichungen der Vornamen unbedingt vermeiden, da dies als Respektlosigkeit von Ihnen gewertet wird. Weibliche Vornamen erhalten meistens die Endung „oş“ oder „iş“.

Ahmetcik ve Mehmetcik

Ein Modetrend: **Memo** *wird manchmal auch als* **Memoli** *wiedergegeben. Das hört sich europäischer an...*

Memo	Mehmet
Bilo	Bilal
Sülo	Süleyman
Eko	Ekrem
Fatoş	Fatma
Apo	Abdullah
Güloş	Gülcan, Gül
Zeynoş	Zeynep

Verniedlichungen der Vornamen entstehen auch durch die Endung "cik". Das wird überwiegend bei männlichen Vornamen so gehandhabt. So deutet **Ahmetcik** darauf, dass Ahmet noch sehr jung, eher ein Kind, ist. Tja, **Mehmetcik** hingegen nennen wir auch unsere Soldaten, die ihren Wehrdienst beim Militär ableisten. Auch handelsübliche Wörter fallen dem Kürzungswahn in die Kralle. So ist **apart** eine Abkürzung von **apartman** (Wohnung).

Ach ja, die zwei wichtigsten Wörter der Menschheitsgeschichte haben wir ebenfalls abgekürzt: **evet** (ja) wird mit einem einfachen **hee** oder **hää** wiedergegeben. Das **hayır** (nein) hingegen mit einem **yoo**. **Evet** wird oft auch mit einem simplen **hmm** wiedergegeben, wobei das „m“ fast unhörbar ist. Hin und wieder wird das **hayır** mit einem vorangehenden Schnalzen der Zunge bekräftigt. Dabei legen Sie die Zungenspitze an die Innenseite der Zähne im Oberkiefer und ziehen die Zunge schnell zurück. Etwas seltsam, aber der Ausländer gewöhnt sich schnell daran.

ss	seni seviyorum	*ich liebe dich*
sçs	seni çok seviyorum	*ich liebe dich sehr*
slm	selam	*Gruß*
vs	vesayre	*und so weiter*
vb	ve benzeri / ve buna benzeri	*und Ähnliches / und so Ähnliche*
apart	apartman	*Wohnung/Apartment*
vizyon	televizyon	*Fernseher*
sine	sinema	*Kino*

Die Abkürzungen **ss, sçs, slm, vs** *und* **vb** *werden nicht gesprochen, sondern nur in E-Mails oder SMS geschrieben!*

Anyadan Konya'ya

Unterwegs in der Türkei

Bis vor einigen Jahren war das Autobahnstreckennetz in der Türkei schlecht. Das hat sich aber seit etwa zehn Jahren geändert. Staus gibt es selten auf türkischen Autobahnen, da sie fast unbefahren sind. Die einzigen Ausnahmen bilden hierbei die drei größten Städte der Türkei İstanbul, Ankara und İzmir. Da ist ständig Stau. Sehen Sie zu, dass Sie nie in eine Rushhour in İstanbul kommen. Das dauert eine Ewigkeit, bis Sie mal da raus können. Meistens werden die Autobahnen von großen Speditionsfirmen oder ausländischen Lastwagen in Anspruch genommen.

Wir sind umgeben von Wasser: die Türkei ist eine Halbinsel. Dass man hier auch notgedrungen auf Wasserfahrzeuge zurückgreift, ist nur normal. Von fast jedem größeren Hafen aus kann man andere türkische und europäische Häfen ansteuern.

Hier gab es in den letzten fünfzehn Jahren viele Veränderungen. Ich erinnere mich noch gut an einen Besuch bei väterlichen Verwandten mit meinem Bruder und meinen Eltern in den Achtziger Jahren, als wir für eine Überfahrt von İstanbul nach Bandırma, eine Stadt im Süden des Marmarameeres, mit dem **feribot**, der Fähre, sage und schreibe vier Stunden benötigten. Das war für mich eine Weltreise. Heute flitzt die gleiche Strecke der ultraschnelle und superkomfortable **hızlı feribot**, *wörtl.: schnelle Fähre*, in etwa 2 Stunden. Im städtischen Wasserverkehr benutzt man den Meerbus, **deniz otobüsü**.

Das beliebteste Transportmittel ist und bleibt aber der Bus. Mit dem Bus kommen Sie von Edirne nach Hakkari, von Muğla nach Artvin, sozusagen überall hin. Es gibt so viele Reisegesellschaften, dass man meinen könnte, dass jedes Dorf in der Türkei ein eigenes Busunternehmen mit Niederlassung in İstanbul hat. Man kann von İstanbul aus wirklich jedes kleine Fleckchen, ebenso auch von jedem Dorf aus İstanbul ansteuern. Die Busse in der Türkei sind ultramodern, der Service ist absolut unschlagbar und die Preise sind sehr zivil bis spottbillig.

Sie werden in der Türkei sehr selten Anhalter sehen oder mitnehmen. Trampen ist in der Türkei überhaupt nicht üblich. Wir sind aber bekannt für unsere Gastfreundschaft und Hilfsbereitschaft. Wenn man mitgenommen werden möchte, dann winkt man ganz heftig mit beiden Armen, wenn ein Reisebus vorbeifährt. Sie können dann davon ausgehen, dass Sie – wie soll es auch anders sein? – von einem netten Busfahrer mitgenommen werden. Doch Vorsicht, legen Sie es nicht darauf an. Nicht jeder Busfahrer nimmt Sie gratis mit, auch wenn die Strecke noch so kurz ist. Deshalb sollten Sie Ihren Anteil an der Strecke bezahlen.

Sie werden es mir nicht glauben, was wir schon an deutschen Wörtern eingetürkischt haben. Das Wort **otoban** existierte bis vor fünfzehn Jahren in keinem seriösen Wörterbuch. Erst durch die Rückwanderung der Türken aus Deutschland hat sich dieses Wort im türkischen Wortschatz etabliert. Die großen Wörterbuchhersteller wollten sich diesen Trend nicht entgehen lassen und haben dieses Wort ins Verzeichnis aufgenommen.

O ja, da wir es vorhin von Bussen hatten: wenn Sie in İstanbul in einen **minibüs**, einen Kleinbus, einsteigen wollen, dann suchen Sie bloß nicht nach einer Haltestelle. Es gibt nämlich keine! Das funktioniert so: Sie stehen irgendwo, sichtbar für den Fahrer, am Straßenrand. Sobald Sie das Gefährt sehen, winken Sie heftig oder machen sich anderweitig bemerkbar. Wenn Sie wieder aussteigen möchten, bitten Sie den Fahrer **müsait bir yerde durabilir misiniz?**, was so viel wie „halten Sie bitte, wenn möglich" bedeutet. Oder Sie sagen ganz einfach **inecek var**, da will jemand aussteigen. Die Kleinbusse in İstanbul sind vom Aussterben bedroht, da die Großstadtregierung İstanbuls durch den Bau von Tram- und Metrolinien erheblichen Konkurrenzdruck ausübt. Die **tramvay** in İstanbul ist klimatisiert (!!!).

In İstanbul sind Taxis sehr beliebt und verglichen mit deutschen Preisen nahezu preiswert. Es ist unmöglich, dass alle Taxis in İstanbul besetzt sind, da sie in astronomisch hoher Zahl vorhanden sind. Klar, sie sind teurer als öffentliche Verkehrsmittel, aber ein Taxi kann sich sogar ein Durchschnittsverdiener hin und wieder leisten. Auch hier gilt wieder: Taxi rufen funktioniert wie **minibüs** rufen.

eine Schöpfung aus dem deutschen Wort, das „ban" wird sehr kurz gesprochen, eher wie „Bann" im Deutschen. Dieses Wort ist kein Slangbegriff mehr und ist in jedem allgemeinen Wörterbuch verzeichnet!

otoyol	Autobahn
otoban	Autobahn
otostop çekmek *Autostop ziehen*	trampen, per Anhalter fahren
ördek *wörtl: Ente*	Anhalter/ einer, der mitgenommen wird
korna basmak *Hupe drücken*	hupen
bas(tır) *drück*	gib Gummi
uzunları açmak *die Langen anmachen*	Lichthupe geben
uzunları yakmak *die Langen anzünden*	Lichthupe geben

Wenn wir überholen wollen, dann geben wir zuerst Lichthupe. Erst danach kommt der Blinker...

düşük banket *gefallener Seitenstreifen*	ungesicherter, brüchiger Straßenrand
sağa/sola çekmek *nach rechts/links ziehen*	rechts/links ranfahren
deniz otobüsü *Meerbus*	Express-Fähre (über 90 km/h max. auf dem Wasser!)
feribot	Fähre
metro	U-Bahn
minibüs	Kleinbus in İstanbul (ca. 12 Sitzplätze)
İEET (otobüsü)	öffentliche Busse der Stadt İstanbul (meistens hoffnungslos überfüllt)
dolmuş *das Gefüllte*	Sammeltaxi

banliyö (treni)	S-Bahn
tramvay	Straßenbahn
taksi	Taxi
sarı çağırmak *gelb rufen*	Taxi rufen
direksiyon sallamak *Lenkrad schütteln/schwingen*	als Bus-/LKW-/ Taxifahrer arbeiten
sepne	Ersatzrad

Taxis haben bei uns, speziell in İstanbul, auch eine gelbe Lackierung. Diese Wendung ist allerdings nicht überall bekannt.

Versuchen Sie bloß nicht auf einem **ızgara** *(wörtl.: Grill)* zu grillen. Das bedeutet nämlich auch Gully(deckel).

Hier ein paar Bezeichnungen für weit entlegene Orte, wie zum Beispiel

Anya ist ein Wortspiel mit dem Namen der Stadt Konya in Mittelanatolien

(Kaf ist der Name eines Berges im Kaukasus)

cehennemin dibinde	am Arsch der Welt
am Grund/Boden der Hölle	
Anyadan Konya'dan	von ganz weit her/ von hier und dort
Türkiye'nin öbür köşesi	die andere Ecke der Türkei
dağ başında bir yer	in der Pampa
ein Platz auf dem Kopf des Berges	
Kafdağının ardında	am Ende der Welt
hinter dem Kaf-Berg	

Züge haben in der Türkei ein tristes Dasein. Es gibt verschiedene Zugverbindungen, die aber fast niemand in Anspruch nimmt, da die Preise höher als bei einer Busfahrt sind. Wenn man aber ins benachbarte Ausland, z. B. nach Griechenland, Bulgarien oder Rumänien will, kommt man um eine Zugfahrt nicht herum. Es gibt wenige Busunternehmen, die Reisen zum **komşu**, also „dem Nachbarn“, anbieten. Ach ja, auch wenn Rumänien kein Nachbarstaat der Türkei ist, zählt man ihn als Nachbar. Das gilt für alle Balkanstaaten, Moldawien, Ukraine, Russland und Ungarn.

Einen Polizisten, also Bullen, oder die Grünen, bezeichnet man in der Türkei als **aynasız** *(wörtl.: ohne Spiegel)*. Selbstverständlich sollten Sie diesen netten Herrn oder nette Dame so nicht anreden, da dies evtl. ganz andere Schwierigkeiten nach sich ziehen könnte, als nur einen Strafzettel wegen Falschparkens zu bekommen. Wenn Sie von einem Polizisten dazu aufgefordert werden, ihren Personalausweis zu zeigen, dann zücken Sie ihren **kafakağıdı**, *wörtl.: Kopfpapier.*

Wenn einer das Fahren nicht blickt, dann ist er ein **kasap**, ein Metzger. Sie können mit Sicherheit gut fahren und laden Ihre Freunde zu einer Spritztour ein: **gelin, bir tur atalım**, kommt, lasst uns eine Spritztour machen. Das machen wir gewöhnlich mit einem **düldül**, einer Klapperkiste, Karre, oder mit einem **külüstür** *(eigentl.: schrottreif)*. Ich mag diesen Begriff sehr für mein Auto: **fayton**, Kutsche. Ach, da fällt mir gerade ein: ich habe doch gar kein Auto ...

Mangır – Kohle, Zaster, Knete

Wir sind ziemlich gut im Kopfrechnen, und zwar nicht nur beim kleinen Einmaleins, sondern im Rechnen von Millionenbeträgen. Die Inflation hatte über Jahrzehnte solch gigantische Ausmaße angenommen, das ein Brot mehrere Hunderttausend **Lira** kostete. Nun gut, wir rechnen immer noch mit Millionenbeträgen, aber die Inflationsrate konnte durch die vorzügliche Wirtschaftspolitik der **AKP**-Regierung (**AKP=Adalet ve Kalkınma Partisi**, Partei der Gerechtigkeit und des Aufschwungs) gewaltig gedrückt werden. Wenn die Währungsreform durchgeführt wird, dann können wir uns wieder auf das kleine

Einmaleins beschränken, und müssen nicht mehr in Millionen rechnen. Aber selbst dafür haben wir eine ganz praktikable Lösung gefunden. Kostet ein Einkauf zum Beispiel **15 milyon Lira**, dann sagen wir ganz einfach 15. Bei Beträgen mit Kommazahlen schmeißen wir die Nullen einfach so weg, dass nur noch die vorderen Zahlen übrigbleiben. So bedeutet 8.3 Lira (sprich: **üç nokta sekiz**=*drei Punkt acht*, manchmal auch nur **üç sekiz**) nichts anderes als 8 Millionen 300 Tausend Lira. Was die Politik nicht schafft, schaffen wir eben alleine.

Kohle, Kröten, Zaster, Moneten:

	para, mangır,	Geld
von engl. „money“	**mani**	
etwas für die Welt	**dünyalık**	
Achtung: wird wie im Deutschen auch für Drogen verwendet!	**mal**	Stoff, Zeug
	nakit	cash, Bares
	pul	Briefmarke
	tıngır	klingend
	kafa	Kopf
	gayme	Kröten
(2005 mit der Währungsreform wieder eingeführt)	**kuruş**	kleine Währungseinheit

Cebim iyice delik!
meine-Hosentasche komplett gelöchert
Ich bin total pleite!

Ben züğürtüm.
Ich bin abgebrannt.

Da die Politik aufgewacht ist, findet nun endlich die Währungsreform statt. Des Volkes Wille soll geschehen: es werden insgesamt 6 Nullen gestrichen. Im Januar 2005 wurde die **Yeni Türk Lirası** und die kleine Einheit **kuruş** wieder eingeführt. Sie soll bis Dezember 2005 mit der **Türk Lirası** eine friedliche Koexistenz bilden. Ein Einkauf für 15.000.000 Lira wird dann mit 15 Lira angegeben. Na endlich ... weniger Nullen ... war anstrengend ... wie haben das eigentlich die Häuslebauer in Alanya gemacht?

Gezip tozmak – Einkaufen

der Traum aller Klamotten-einkaufswütigen Türkinnen

Ich glaube, das ist die Lieblingsbeschäftigung aller Frauen auf dieser Welt. Da machen Türkinnen keine Ausnahme. In der Regel wird die beste Freundin auf die Shoppingmeile mitgezerrt, damit sie so nebenbei auch noch die Neuigkeiten ausquatschen können. Meine Bekannte Neslihan überredete mich einmal zu so einer Einkaufstour in İstanbul, dem **alış veriş**. In İstanbul können Sie in manchen Einkaufzentren rund um die Uhr einkaufen. Es gibt ein paar Geschäfte, die sieben Tage die Woche geöffnet haben. Amerikanische Verhältnisse also. Das freut die einkaufswütige Türkin.

Klamotten bezeichnet man als **çul**, und wenn sie schick sind: **iki dirhem bir çekirdek**.

	façа **çul**	Kleider, Klamotten:
	pabuç	Treter, Schuhe
	giyimli kuşamlı	gut gekleidet
Geld wässern	**para sulamak**	Geld ausgeben
Geld essen	**para yemek**	Geld ausgeben
	bakkal	„Tante-Emma-Laden“
	süpermarket	Supermarkt
	hipermarket	„größerer” Supermarkt
Kauf Verkauf Zentrum	**alış veriş merkezi**	Einkaufszentrum mit vielen kleinen Geschäften

dükkan	Laden	
manav	Früchtehändler	
kasap	Metzger	
kırtasiyeci	Schreibwarenladen	
fırın	Bäckerei	*wörtl.: Ofen*
pazar	Markt	
kuyumcu	Goldschmied	
gümüşçü	Silberschmied	
BİMA (vergleichbar mit Lidl, Aldi,...)	Supermarktkette	
şok fiyat	Sonderangebot	*wörtl.: Schockpreis*
olay	Sonderaktion	*wörtl.: Ereignis*

Es gibt in der Türkei inzwischen Niederlassungen vieler ausländischer Lebensmittelketten und Kaufhäuser, wie z. B. Migros (Schweiz), Seven-Eleven (USA), Bauhaus, Praktiker (Deutschland).

Ach, noch etwas: diese ultraschnellen Rotztücher, in Deutschland besser unter dem Namen „Tempo" bekannt, nennt man in der Türkei **selpak**. Die sind auch nicht viel langsamer...

Canım çekti – Rund ums Essen

Seien Sie nicht schockiert, wenn Sie abends um 18 Uhr in einem **restoran** oder **lokanta**, einem Restaurant, sind und keine Menschenseele außer den Wirten anwesend ist. Wir essen spät, sehr spät. Das Frühstück nehmen wir meistens erst gegen 10 Uhr ein. Frühstücken kann man auch in einer **pastane**, die auch diverse Sorten von **börek**, Blätterteig mit Käse, Spinat oder Hackfleisch gefüllt, anbietet. Mittagessen findet gewöhnlich nach 14 Uhr statt. Das Abendessen kann unter Umständen erst um 21 Uhr, in der Regel aber später, aufgetischt sein. Wenn Sie zwischendurch schlemmen wollen, dann suchen Sie nach einem **büfe**, Schnellimbiss. Hier finden Sie typisches Fastfood wie **hamburger**, **cizburger** (von Cheeseburger abgeleitet), **ekmek arası** (im Brot, *wörtl.: zwischen dem Brot*) **döner** oder **köfte**. Wenn Sie weit und breit keinen Imbiss sehen sollten, dann achten Sie auf den **(seyyar) köfteci**, was so viel wie (mobiler) Köfteverkäufer bedeutet. Er führt einen kleinen selbstgebauten Wagen, auf dem er eine kleine Küche oder einen kleinen Grill untergebracht hat! Die meisten bieten **köfte**, Frikadellen oder **kokoreç,** gegrillte Kutteln an. Man kann seine **köfte** zwischen **yarım ekmek** (halbes Brot), wenn man großen Hunger hat, oder **çeyrek ekmek** (Viertelbrot), wenn man kleinen Hunger hat, bekommen. Manch andere mobile Verkäufer bieten gegrillten Maiskolben, **mısır kebap**, oder am „frühen morgen“ (für deutsche Verhältnisse ist das schon fast am Abend: 11 Uhr morgens) **poğaca**, Gebäck mit Käse oder Hackfleisch oder **börek**, Blätterteig meistens mit Spinat, Hackfleisch oder Käse gefüllt, an. Hinzugefügt werden sollte noch, dass die „mobilen Verkäufer“ so gut ausgestorben sind.

Man sagt, dass die türkische Küche die reichhaltigste Küche der Welt sei. Nun ja, das kann sein. Der Geschmack der türkischen Küche ist aber unbestreitbar. Falls Sie unterwegs sein sollten und Ihnen am Straßenrand ein Schild mit der Aufschrift **kendin pişir kendin ye** pompös präsentiert wird, dann müssen Sie sich auf Arbeit gefasst machen. Die Mitteilung auf dem Schild bedeutet schlichtweg: koch selbst und iss selbst. Sie können das Fleisch direkt beim Verkäufer erwerben. Er stellt Ihnen seinen Grill bzw. Drehspieß zur Verfügung. Sie werden in der Türkei keine Gerichte vom Schwein finden. Alle Gerichte sind entweder vom Lamm, Rind oder Geflügel. Klaro: in einem Land umzingelt von Wasser sind Fische und Meeresfrüchte keine Seltenheit.

Wir meinen es nicht abwertend, wenn wir jemanden darum bitten, langsamer zu essen, und dabei die Frage stellen: **arkandan Yunan mı kovalıyor?** Verfolgt dich ein Grieche? Wir wollen ja unsere griechischen Nachbarn nicht verunglimpfen, aber diese Redewendung, die wir zum Zügeln unseres Esstempos ermahnend anwenden, stammt aus der Zeit des Ersten Weltkrieges, als man beim Rückzug vor den Griechen geflohen ist.

Es ist äußerst unüblich und nicht gerne gesehen, wenn die Rechung auf **Alman usulü**, deutsche Art, beglichen wird. Das bedeutet, dass jeder seine Rechnung selbst bezahlt. In der Türkei bezahlt immer einer. Der Kellner bringt nie eine separate Rechung, die aber auf Wunsch aufgeteilt wird, aber eben unter seltsamen Blicken.

Beachten Sie bitte folgendes: es ist üblich, dass man erst speist, und später dem Koch ein Lob ausspricht: **eline sağlık** (*wörtl.: deiner Hand sei gedankt*). Der Koch antwortet wiederum mit **afiyet olsun**, was man mit „auf dass es Ihnen geschmeckt habe" übersetzen kann. Es ist unüblich, aber durchaus akzeptabel, jedem vorher **afiyet olsun**, was auch guten Appetit bedeuten kann, zu wünschen.

So sagen sie dem **garson**, dem Kellner, dass Sie Diabetiker(in) sind: **af edersiniz, ben şekerliyim,** *verzeihen Sie, ich bin gezuckert).*

ziyafet çekmek	eine Fress- und Sauforgie veranstalten
abur cubur yemek	alles durcheinander essen
manda gibi yemek *wie ein Büffel essen*	wie ein Scheunendrescher essen
şiştim	bin vollgefressen
patlıyorum	ich platze gleich
tıkınmak	fressen

atıştırmak	naschen, zwischendurch futtern
zıkkımlanmak	sich voll fressen
çöplenmek	von allem etwas probieren
karnım zil çalıyor	mir knurrt der Magen *mein Magen klingelt*
kurt gibi açım	ich habe einen Bärenhunger *ich habe Hunger wie ein Wolf*
midem eziliyor	mir knurrt der Magen *mein Magen wird zerdrückt*
karnım tok	ich bin satt
karnım gurgur ediyor	mir knurrt der Magen
canım çekti	ich habe Appetit darauf bekommen *mein Leben hat es angezogen*
nefsini köreltmek	eine Kleinigkeit essen
gövdeyi indirmek	runterschlingen *den Rumpf runtersetzen*
haklamak	verputzen *schlagen, besiegen*
rafadan	weich gekochtes Ei
sandviç	belegtes Brötchen, Sandwich
gözleme	eine Art Blätterteig
simit	ein Laugengebäck in Form eines Kringels
kokoreç	Kutteln
kumpir	gefüllte Kartoffeln (man kann sich die Füllung selbst aussuchen, z. B. Oliven, Schafskäse...plus einen Schuss Quark obendrauf)
tantuni	eine Leckerei aus Mersin (Südanatolien), Brot gefüllt mit Käse, Tomaten,...
kahvaltı salonu	„Frühstückssalon“ (hier gibt's nur Frühstück), es gibt nicht mehr viele davon
Simit Sarayı **geleneksel fast food**	absoluter Marktführer im („traditionelles Fastfood“), sehr zu empfehlen!

Ich kann mich noch gut an meinen ersten Besuch bei einem **işkembeci**, einem „Kuttelnhersteller", erinnern:

Mein Onkel Abdullah, den alle nur Apo nennen, kutschierte mich durch die City. Ich war damals 12 Jahre alt. Irgendwie hatte mein Onkel Hunger bekommen. Er meinte daraufhin, dass er Appetit auf **işkembe çorbası** hätte. Um halb zwei Uhr nachts (!!!) sind wir bei einem **işkembeci** gelandet und er bekam seine Suppe, und ich einen **kokoreç** als Tellergericht - frisch (!!!).

„Schnitzel" ist mittlerweile ein internationales Wort geworden. Ich habe diesen Begriff schon auf Englisch, Griechisch und Spanisch gehört. Tja, auch in der Türkei bezeichnen wir Schnitzel als **şnitzel**, das nur aus Kalbfleisch ist.

Wenn wirklich absolut gar nichts mehr hilft, wenn Sie vor Hunger aus den Latschen kippen, dann empfehle ich Ihnen in- und ausländische Fastfoodketten in İstanbul. Die haben fast alle rund um die Uhr geöffnet. So etwas Altmodisches wie Ladenschlussgesetz gibt es bei uns nicht. Glauben Sie es mir: es ist ein Ding der Unmöglichkeit, in İstanbul zu verhungern.

Bar, taverna, gazino – auf die Piste gehen

Das Ausgehen war bis vor ein paar Jahren nur den Männern vorbehalten. Das hat sich aber seit geraumer Zeit geändert. Ja, in Großstädten ziehen sogar Frauen alleine durch die neumodischen Kneipen und Bars und lassen die Sau raus.

meyhane	Kneipe, nur für Männer
kahve	Teehaus, nur für Männer
kıraathane	Mischung aus Teehaus und Zockerbude (im Osmanischen Reich war das ein Lesesaal)
taverna	Taverne, man bekommt Speisen und Getränke, inklusive Live-Musik
gazino	ähnlich wie taverna, aber Open-Air, die meisten bieten täglich Live-Musik
bar	Bar
disko(tek)	Discothek, Eintritt ab 18 Jahren
aile çay bahçesi	Teegarten, nur für Familien, Singles haben (offiziell) keinen Zutritt
kapıcı	Türsteher (*Türmacher*)
giriş	Eintritt

In einem **çay bahçesi** kann es durchaus passieren, dass Sie dieses Schild lesen werden: **aileye mahsustur**. Das bedeutet: Zutritt nur für Familien. Tja, da haben Singles leider schlechte Karten. Da türkische Familien meistens kinderreich sind, kommen die Sprösslinge eben mit. In der Türkei regt sich niemand darüber auf, dass ein ganzer Stall voll Kinder im

çay bahçesi herumrennt. Im Gegenteil: Kinder sind (fast) überall willkommen. Ach ja: Alkohol trinken können Sie in einem **aile çay bahçesi** vergessen.

Da Sie in einer Disco sicherlich nicht nur die schicke Innenbeleuchtung betrachten, sondern auch feiern wollen, empfehle ich Ihnen folgende Floskeln:

komm, die Wölfe schütteln	**gel, kurtları dökelim**	komm, lassen wir die Sau raus
Bauch werfen	**göbek atmak**	tanzen
Oberschenkel schütteln	**kalça sallamak**	die Hüften schwingen

Nachdem Sie morgens um sechs Uhr nach Hause gekommen sind, und der Muezzin schon wieder im Bett ist, können Sie ihren Freunden erzählen, wie der Abend war:

	mahşer yeri gibi *wie am Ort des Jüngsten Gerichts*	hier ist die Hölle los
wenn du eine Nadel auf den Boden wirfst, fällt sie nicht herunter	**iğne atsan yere düşmez**	proppenvoll
	in yok, cin yok	keine Sau da

in hat zwei Bedeutungen: die Höhle eines wilden Tieres oder Menschenseele, **cin** heißt Geist oder Seele.

wie der Tote	**ölü gibi**	tote Hose (bei einer Veranstaltung)
wie der Tag der Mutter (und des) Vaters	**ana baba günü gibi**	rappelvoll, hoffnungslos überfüllt

ortalık kaynıyor	mächtig Action *die Gegend kocht*
mahalle kahvesi gibi	wie auf einem Jahrmarkt *wie das Café im Wohnviertel*
cenaze gibi	null Stimmung, tote Hose *wie eine Beerdigung*
dingonun ahırı	Spelunke, übles Loch *Dingos Stall*

Kafayı çekmek – Trinken

Jemanden, der von Alkohol und Nikotin nichts hält, nennt man **yeşilaycı**, *wörtl.: einer vom Grünen Halbmond*, in Anspielung auf den Abstinenzlerverein „Grüner Halbmond".

çay	Tee allgemein oder türkischer Schwarztee
paşa çayı	verdünnter, lauwarmer Schwarztee für Kinder *Paschatee*
tavşan kanı	sehr starker Schwarztee *Hasenblut*
imamın aptes suyu	als Tee deklariertes lauwarmes Wasser (noch dünner als **paşa çayı)** *das Wasser des Predigers für die rituelle Waschung*
yandan çarklı	Tee mit extra Zucker *Raddampfer*
kahve	Kaffee, aber der türkische Mokka
okkalı kahve	starker Kaffee *deftiger Kaffee*
şekersiz kahve	Kaffee ohne Zucker
orta şekerli kahve	mittelmäßig gezuckerter Kaffee
şekerli kahve	Kaffee mit Zucker

(Filterkaffee findet man in der Türkei nicht sehr oft)	**nescafe/neskahve**	Pulverkaffee
	kestane suyu *Kastanienwasser*	Blümchenkaffee, ganz dünner Kaffee
	meşrubatlar	Limonaden, kohlensäurehaltige Getränke
	Efes	Efes-Bier
	kutu (bira)	Dosenbier
	şişe (bira)	Flaschenbier
	fıçı (bira)	Fass(bier)
	gazoz	durchsichtige Zitronenlimonade
Löwenmilch	**aslan sütü**	Rakı (Anisschnaps)
Dampf	**istim**	Schnaps
Rasierklinge	**ustura**	(scharfer) Schnaps
Räucherkerze	**tütsü**	Sprit, Alk

zil zurna sarhoş olmak – hackedicht sein

beladen sein	**ayyaş olmak, yüklü olmak**	besoffen sein
	zil zurna sarhoş olmak *besoffen wie Klingel und Oboe sein*	rotzrabenblau sein
	kör kütük sarhoş olmak *blind (wie ein) Weinstock besoffen sein*	rotzrabenblau sein
seinen Dampf halten	**istimini tutmak**	dicht sein
Becher aneinanderknallen	**kadeh tokuşturmak**	einen gurgeln
den Papst fliegen (lassen)	**papaz uçurmak**	saufen, bis der Arzt kommt
den Kopf ziehen	**kafayı çekmek**	einen bechern gehen
	fitil gibi sarhoş olmak *besoffen wie ein Zäpfchen sein*	hackedicht sein
Kieselsteingemüt	**çakırkeyfli**	ein Beschwipster, leicht Angetrunkener

paşa olmak	einen Schwips haben	*Pascha sein*
demlenmek	einen heben	
devirmek	einen kippen	*umstürzen*
dikmek	saufen/auf Ex kippen	*aufstellen, pflanzen*
mastorlaşmak	sich besaufen	
matiz	sternhagelvoll	
yuvarlamak	runterkippen	*rollen*
ben bitmişim!	ich bin sternhageldicht!	*ich bin fertig*
bir fırt çekmek	ein Schlückchen nehmen	*ein Schlückchen ziehen*
hararet kesmek	den Brand löschen	*die Hitze schneiden*
içki arkadaşı	Zechbruder, Saufkumpan	*Getränkefreund*
(kafası) dumanlanmak	angeheitert sein	*(den Kopf) geräuchert sein*
ayıkmak	nüchtern werden	
kandilli olmak	sturzbesoffen sein	*mit einer Öllampe sein*

Kandil min yağı tükendi!
das Öl meiner Öllampe ist ausgegangen
Ich bin rotzrabenblau!

Hadi, doğum gününü ıslatalım!
komm, wir machen deinen Geburtstag nass
Komm, wir begießen deinen Geburtstag!

Ganz wichtig ist der Unterschied zwischen **içecek** *(wörtl.: etwas zum Trinken / er, sie, es wird trinken)* und **içki** *(wörtl.: Getränk)*:

Von **içecek** ist die Rede, wenn kein Alkohol im Spiel ist. Alles, was Alkohol enthält oder Alkohol ist, nennt man **içki**. Es ist also nicht dasselbe. Ein **içkici** ist ein Spirituosenverkäufer. Man verwendet diesen Begriff aber auch für einen Säufer. Na ja, vielleicht ist ja der Spirituosenverkäufer einer ... der sitzt ja an der Quelle.

kandil *heißt nicht nur Öllampe, sondern ist auch eine der vier muslimischen Festnächte, die man* **kandil gecesi** *nennt und an denen die Minarette illuminiert werden.*

Apteshane – Das Klo

Da wären wir auch beim Thema Scheißhaus. Wenn Sie in der Türkei nach dem stillen Örtchen fragen wollen, dann machen Sie das so: **tuvaletler nerede?** Für Herren heißt es dann an der Tür **baylar** und für Damen **bayanlar**. Hin und wieder liest man auch etwas ungehobene Begriffe wie **erkekler** für „Männer“ und **kadınlar** für „Frauen“.

So fördert man die Wirtschaft: die Toilettenbenutzung ist meistens nicht gratis. Hin und wieder wird man am Eingang zur Toilette gefragt: **büyük mü, küçük mü?** *Klein oder groß? Danach wird abgerechnet. In der Regel sind die Preise für öffentliche Toiletten einheitlich.*

Wir haben in der Türkei zwei verschiedene Arten von Toiletten. Die eine wäre **alaturka**, eine Toilette mit einem Sitzstein, wobei nur Ihre Füße auf dem Sitzstein sind und Sie sich dabei hinhocken. Auf gut Deutsch: ein Plumpsklo. Die zweite wäre **alafranga**, das hundsgewöhnliche Klo, wie wir es in Mitteleuropa kennen. In der Türkei setzt sich immer mehr die **alafranga**-Version durch.

Wenn ich die Schüssel aufsuche, sage ich immer: **ben aptes bozmaya gidiyorum**. Ich gehe auf die Toilette. Was ich da genau mache, müssen ja meine Freunde nicht unbedingt wissen, oder?

Nummer 100

tuvalet	Toilette
100 numara	Klo
apteshane	Toilette
(eigentlich der Raum für die rituelle Waschung vor dem Gebet)	
hela	Toilette, Scheißhaus
(wird in Thrakien (Westtürkei) gebraucht)	

Apteshane – Das Klo

kenef	Abort	
vecihi	Verballhornung von WC	
sıçmak	scheißen	
kaka yapmak	kacken	
işemek	pissen	
kaçırmak	kacken (in die Hosen machen)	*flüchten lassen*
sidik salmak	pinkeln	*Pisse lassen*
pipi yapmak	Pipi machen	
çiş yapmak	Pipi machen	
su salmak	Wasser lassen	
sulamak	pissen	*wässern*
aptes bozmak	*die rituelle Waschung brechen*	
büyük (iş) yapmak	großes (Geschäft) machen	
küçük (iş) yapmak	kleines (Geschäft) machen	
hortumu boşaltmak	den Schlauch leeren	
rahatlamak	sich erleichtern	
osurmak	furzen	
yellenmek	einen fahren lassen	*anfachen, (an)blasen*

Falls Ihnen nach einem guten Essen das Unvermeidliche passieren sollte, **osuruk salmak**, also einen fahren lassen, dann sagt man entweder **barsakları bozulmuş**, *wörtl.: seine Gedärme sind kaputt* oder **götü tutmuyor**, *sein Arsch hält nicht.* Für den ungehemmten Fäkaldurchlauf gibt es folgende Bezeichnungen:

makinayı bozmak	die Maschine kaputtmachen
cırcır olmak	Durchfall haben
gazım var	ich habe Blähungen

Alou, bura Angchara ... – Telefonieren

Im Ankaradialekt bedeutet die Überschrift „Hallo, hier ist Ankara“ (Hochtürkisch: **Alo, burası Ankara**). Telefonieren in der Türkei ist genauso einfach und bequem wie in Deutschland. Sie finden überall (außer in kleinen Dörfern) öffentliche Kartentelefone. Telefonkarten können Sie überall in Telefonläden, Supermärkten oder auf der Straße kaufen. Kaufen Sie Karten aber nicht auf der Straße, da sie dort teurer sind. Karten werden nicht nach Beträgen, sondern nach **kontör**, *Einheiten,* verbraucht. Für das Handy lädt man ebenfalls **kontör** hoch. Ich habe sogar Telefonzellen mit Kreditkartenakzeptanz gesehen! Münztelefone sind in der Türkei (so gut wie) ausgestorben. Sagen Sie mir Bescheid, wenn Sie ein Münztelefon sichten sollten ... es interessiert mich.

Wenn Sie von Deutschland aus in die Türkei telefonieren, dann wählen Sie zuerst die Ländervorwahl 0090, danach die Vorwahl (**il kodu**) ohne „0” und zum Schluss die Rufnummer. Hier einige Vorwahlen:

0212	İstanbul (Europa)
0216	İstanbul (Asien)
0312	Ankara
0252	Muğla (Bodrum, Fethiye)
0242	Antalya (Kemer, Side, Alanya, Belek)
0232	İzmir (Kuşadası)

Einige wichtige Rufnummern innerhalb der Türkei:

155	**Polis** (Polizei)
112	**Ambulans/Acil Servis** (Krankenwagen, Notarzt)
110	**İtfaiye** (Feuerwehr)
156	**Jandarma** (Gendarmerie, Militärpolizei)
177	**Orman Yangın İhbarı** (Waldbrandmeldestelle)

Eine lebenswichtige Nummer in der Südtürkei, insbesondere in der Gegend um Antalya, Adana und Muğla, ist das Orman Yangın İhbarı (wörtl.: Waldbrandanzeige). In den heißen Sommermonaten kann diese Nummer lebensrettend sein, da die Hitze den trockenen Pflanzen und Bäumen enorm zusetzt und die Waldbrandgefahr extrem hoch ist. Falls Sie einen Waldbrand entdecken sollten, dann rufen Sie die 177 an und nennen die ungefähre Gegend, in der Sie den Waldbrand entdeckt haben. Diese Nummer gilt selbstverständlich für die ganze Türkei.

Eine Bitte: vermeiden Sie in der Südtürkei, besonders in der Gegend um Antalya, Zigarettenkippen unbedacht auf den Boden zu werfen. Treten Sie lieber noch einmal drauf. Werfen Sie bitte keine brennenden Zigarettenkippen aus dem fahrenden Auto heraus. Ebenfalls sollten Sie das Grillen an ungesicherten Plätzen vermeiden. Antalya ist im Sommer extrem waldbrandgefährdet.

Nach Deutschland wählen Sie 0049+Vorwahl ohne „0", danach die Rufnummer.

Alou, bura Angchara ... – Telefonieren

Wundern Sie sich nicht, wenn sich jemand an der anderen Leitung mit **alo** oder **efendim** meldet. Wir sagen am Telefon nicht wer an der Strippe hängt. Das Wort **efendim** bedeutet wörtlich *mein Herr*, kann aber auch als „ja, bitte" übersetzt werden. Wenn man den Namen am Ende der Leitung wissen möchte, dann fragt man ganz einfach **kiminle görüşüyorum?** Wörtlich: *mit wem treffe ich mich?*, also „wer ist am Apparat?".

telefona asılmak/yapışmak	stundenlang telefonieren *am Telefon hängen/kleben*
telefon açmak	anrufen *Telefon öffnen*
telefonla görüşmek	ein Telefonat führen *mit dem Telefon treffen*
aramak	anrufen *suchen*
telefon kesildi	ein Anruf ist weg/abgestürzt *das Telefon ist geschnitten*
meşgul	besetzt *beschäftigt*
mesaj atmak/çekmek/göndermek	eine SMS schreiben/smsen *eine Nachricht werfen/ziehen/senden*
msj	Abkürzung für **mesaj,** *Nachricht* (=SMS)
cep	Abkürzung für **cep telefonu,** *Hosentaschentelefon* (=Handy)

Gel, mal çekelim – Drogen

Mann, ich habe absolut keinen Plan von Drogen. Aber damit ich für Sie diese Liste hier zusammenstellen konnte, musste ich erst einmal einen Bullen von der Drogenfahndung, **narkotik**, und einen Koks- und Grasdealer in İstanbul anquatschen. Da sehen Sie mal, was die Sniffer und Kiffer für Begriffe verwenden:

esrar	Haschisch	
ot	Gras	
sarıkız	blondes Mädchen	
cigara(lık)	Gras/Shit	*etwas für die Zigarette*
sarma	das Gedrehte	*gefüllte Weinblätter*
mal çekmek	kiffen	*Ware ziehen*
gel, mal çekelim	komm, lass uns einen kiffen	*komm, lass uns Ware ziehen*
nefes çekmek	eine Tüte qualmen	*Atem ziehen*
beyni dumanlamak	einen kiffen	*das Gehirn benebeln*
tinerci	Schnüffler	*Trip werfen*
torbacı	Dealer	
trip atmak	einen Trip nehmen	
pıt	Pille	
hap	XTC	
koku	Kokain	*Geruch, Gestank*
konca	„Schnee", Koks	*Knospe*
toz	Koks	
sakız	Opium	*Kaugummi*
siyah	Opium	*schwarz*
şıra	Opium	*Traubensaft*
beyaz	Heroin	*weiß*
kabza	Heroin	*Griff*

Hier noch ein paar Begriffe für Fluppe, Kippe, Ziggi, Glimmstängel...

izmarit	*Kippe*
sipsi	*Mundstück*
uçlu	*mit Spitze*

Askere gitmek – Das Militär

Die Tageszeitung **Milliyet** schrieb einmal: **asker her on senede bir geliyor ve gidiyor**. *Das Militär kommt und geht alle zehn Jahre.* Hiermit meint die Zeitung die regelmäßigen Militärputschs, die das Land heimsuchten. Das Militär spielt im Leben der Türken eine nicht minderwichtige Rolle. Gerade deshalb haben sich für Soldaten und Institutionen Begriffe aufgetan. Wie bereits erwähnt, bezeichnet man den Soldaten als **Mehmetcik**, was *klein Mehmet* bedeutet. Außerdem werden Soldaten wie folgt genannt:

Anfänger	**acemi**	Rekrut
	çaylak	Rekrut, der frisch angefangen hat
klein Mehmet	**Mehmetcik**	Soldat
sich ergeben	**teslim olmak**	den Militärdienst antreten
	çavuş	Unteroffizier, Kadett
Zehnkopf	**onbaşı**	Gefreiter
Hundertkopf	**yüzbaşı**	Hauptmann
Tausendkopf	**binbaşı**	Major

bedelli asker	ein Soldat, der seinen Wohnsitz im Ausland hat, oder den Wehrdienst gegen Entgelt ableistet	
bahriyeli	Marinesoldat	
firar	Fahnenflüchtiger	
kaçak	Fahnenflüchtiger	*Flüchtender, illegal*
karavana	Kasernenfraß	
karavanacı	Essensträger	
teskereci	Ausscheider	

askere gitmek, zum Militär gehen, bedeutet nicht immer seinen Militärdienst abzuleisten. Das tun bei uns selbst kleine Kinder, nämlich auf dem Sofa einschlafen!

Selam ve eyvallah

Begrüßen und Verabschieden

Wir haben unzählige Variationen zu den üblichen Begrüßungsformeln. **Merhaba** dürften wohl auch „Ausländer", also Deutsche kennen, wenn sie mit Türken befreundet sind. Hier noch ein paar andere Ausdrucksweisen:

Begrüßung

selam	grüß dich
eigentlich: **selamun aleyküm**	
merhaba	Hallo
iyi günler	guten Tag

hey Volk	**hey millet!**	Hallo Leute!
	iakşamlar	guten Abend
	eigentlich **iyi akşamlar**	
	hey(d) moruk!	Hey, Alter!
	eeh?	wie geht's?
	Schwierig zu übersetzen. Kann auch als „und...weiter" übersetzt werden. Der Tonfall steigt dabei.	
	nassın?	wie geht's dir?
	eigentlich: **nasılsın?**	
was gibt's, was gibt's nicht?	**ne var, ne yok?**	wie läuft's so?
alles auf'm Weg?	**herşey yolunda mı?**	alles bestens?
	merhaba, nasıl gid(i)yo(r) araba?	Hallo, alles senkrecht?
	Reim zwischen merhaba und araba (=Auto)	
Hallo Kinder!	**merhaba/selam çocuklar!**	Hey Jungs!
	(nur für eine reine Männergruppe)	
	merhaba/selam kızlar!	Hey Mädels!
	(nur für eine reine Frauengruppe)	
	merhaba/selam arkadaşlar!	Hey Kumpels/Freunde!
	(kann auch für eine gemischte Gruppe angewendet werden)	
	eeh, ne ediyorsun?	und, was machst du?
	hiç	ach, nichts
so und so	**şöyle böyle**	geht so
wir rollen vor uns hin	**yuvarlanıp gidiyoruz**	man lebt so
alles auf seinem Weg	**herşey yolunda**	alles paletti/bestens

Antworten Sie niemals mit **hoş geldin**, Willkommen *(wörtl.: sei fröhlich gekommen)* zurück, wenn Sie so begrüßt werden. Das sagt derjenige, der als erster grüßt. Als Antwort folgt darauf immer **hoş bulduk** *(ich/wir fand/fanden dich/euch fröhlich vor)*.

Sie werden sehr oft die arabische Begrüßungsformel **selamun aleyküm** (arabisch: salamun alaikum = Friede sei mit euch) hören. Die Antwort darauf lautet **(ve) aleyküm selam** (arabisch: va alaikum salam = und Friede sei auch mit euch).

Sie werden ganz schön schauen, wenn Sie solch eine Konversation zwischen mir und meinen Landsleuten miterleben sollten: Der eine fragt **eeh?**. Der Andere antwortet **eh**. Was soll das heißen??? Ganz einfach: die Frage lautet „wie geht's?". Die Antwort darauf bedeutet „es geht so". Die Antwort ist allerdings kürzer ausgesprochen als die Frage. So einfach kann Türkisch manchmal sein!

Verabschiedung

Hadi, das eigentlich **haydi** heißt und so viel wie auf geht's bedeutet, gehört schon fast zum guten Ton bei der Verabschiedung, obwohl es nicht von jedem angewendet wird. Probieren Sie doch mal eine dieser aus:

(hadi) eyvallah	und tschüss
(hadi) ben kaçıyorum	ich vedufte
(hadi) ben yok oluyorum	ich verzieh mich
(hadi) ben tüyüyorum	ich verschwinde
görüşürüz	wir sehen uns

Eine andere Verabschiedungsformel wird fast immer mit dem Wort **hadi** verwendet. Allerdings ist das darauffolgende Wort meistens in der Vergangenheit und seltener gebraucht. Das kann sich zu Beispiel so anhören:

hadi kaçtım	ich bin weg
hadi yok oldum	ich bin weg / fort / verschwunden
hadi gittim	ich bin gegangen

Wenn Sie einen Ort verlassen, dann verabschieden Sie sich mit **Allahsmardık**. Man wird Ihnen daraufhin mit **güle güle** antworten. Grob gesehen kann man sagen, dass zuerst **Allahsmardık** kommt, danach **güle güle**. Aber achten Sie dabei dennoch auf die Regel:

Eigentlich: **Allah'a ısmarladık,** *wird sehr schnell gesprochen lächelnd lächelnd*

Allah(ı)smar(la)dık	Tschüss (sagt derjenige, der geht)
güle güle	Tschüss (sagt derjenige, der bleibt)

Hakkını helal et : Man kann diese Verabschiedungsformel nicht übersetzen. Lassen Sie es mich erklären:

Hakkını bedeutet *dein Recht*. Hiermit sind die „Wohltaten", die man für eine Person entgegengebracht hat gemeint, sei es nur das Bekochen einer Person oder andere Selbstverständlichkeiten. Mit dieser Verabschiedungsformel zeigt man seinen Dank für die dargebrachten Gefälligkeiten. Der Islam spielt in der Türkei eine sehr starke Rolle und der Glaube an das Schicksal ist stark verankert. Da man nie weiß, wann einen der Tod trifft, bedankt man sich gleichzeitig durch diese Verabschiedungsformel. Wörtlich bedeutet es *lass dein Recht nicht bereuen*. Die Antwort darauf lautet **helal olsun**, *es sei dir gegönnt.*

Helal bedeutet aber in erster Linie erlaubt, gesetzmäßig oder legitim.

Kes lan! – Halt die Klappe!

Wenn Sie für Funkstille sorgen wollen und einen **baş belası** *(wörtl.: das Unglück des Kopfes)*, eine Nervensäge, zum Stillschweigen verdonnern möchten, dann bedienen Sie sich ganz einfach dieser Wendungen. Fügen Sie noch ein **lan** oder **be** an, dann bekommt das ganze noch mehr Intensität. Beispiele gefällig?

kes!	Halt die Klappe!	*schneid!*

Fügen Sie diesem Wort noch **lan** oder **be** an:

kes lan! / kes be!	Halt die Klappe!	*schneid Mann!*

So wie oben können Sie das mit folgenden Wendungen auch machen, die alle mit „halt die Klappe", „halt's Maul" oder „das reicht jetzt" übersetzt werden können:

amma gaz yaptın!	*wie viel Gas du machst!*
uzatma!	*verlängere nicht!*
sus!	*sei still!*
ötme!	*pfeif nicht!*
musluğu çevir!	*dreh den Wasserhahn!*
kes traşı! oder **traşı kes!**	*schneid die Rasur!*
çeneni kapa! oder **kapa çeneni!**	*schließ deinen Schnabel!*
ağzını kapa! oder **kapa ağzını!**	*schließ deinen Mund!*
yeter!	*es reicht!*
çıt yok!	*keinen Mucks!*
tamam!	*gut!*
başımı şişirme!	*blas meinen Kopf nicht auf!*
başımızı şişirme!	*blas unseren Kopf nicht auf!*
başımı ağrıtma!	*tu meinem Kopf nicht weh!*

Siktir git! – Hau ab & verzieh dich!

	def ol	hau ab
	siktir git	verpiss dich
zieh dein Auto	**çek arabanı**	mach dass du verschwindest
zum Grund der Hölle bis dein Weg gibt	**cehennemin dibine kadar yolun var**	fahr zur Hölle
	hadi yallah	zieh Leine
dein Weg offen soll sein	**yolun açık olsun**	auf Wiedersehen
	hadi güle güle	und Tschüss...
brich vor mich weg	**yıkıl karşımdan**	verzieh dich
hebe deinen Weg	**tut yolunu**	guck, dass du Land gewinnst
	siktir lan*	verpiss dich

hadi eyvallah	Auf Nimmerwiedersehen/ Geh mit Gott, aber geh!	
toz ol	hau ab	*Pulver sei*
dökülün lan	schiebt eure Ärsche hier weg/raus	*leert euch aus*
dağılın lan	verdrückt euch	*geht auseinander*
buhar ol	verschwinde	*Dampf sei*
tabanları yağlamak	sich aus dem Staub machen	*die Böden ölen*
yaylan	zisch ab (kommt von dem Wort **yayla**, dt. „Hochebene" oder „Alm")	
gazla	verzieh dich	*gib Gas*

Begreifen und Verstehen

Jeton düştü mü?
Chip gefallen ist?
Na, ist der Groschen gefallen?

Anladıysam Arap olayım!
wenn-ich-verstanden-haben-sollte Araber soll-ich-sein
Ich habe kein Sterbenswörtchen verstanden!

Hiç bir bok anlamadım.
keinen ein Scheiß ich-habe-verstanden
ich habe keinen Strich verstanden!

çakmak	schnallen, kapieren
kazı koz anlamak	alles falsch verstehen
haaa	ach sooo! (wenn eine Sache „geschnallt", kapiert wird)

Die folgenden Wendungen können mit „hast du's gecheckt/geschnallt/kapiert?" übersetzt werden:

çakozladın mı?	*hast du's geschnallt?*
anladın mı?	*hast du's verstanden?*
idrak ettin mi?	*hast du's wahrgenommen?*
kafan bastı mı?	*hat es dein Kopf gedrückt?*
çaktın mı köfteyi?	*hast du die Köfte genagelt?*

Falanfilanzartzurt ...

– die Definition des Undefinierbaren

Hier stehen nun Begriffe, die etwas Undefinierbares oder eine unbestimmte Sache erklären sollen. Mal ehrlich: können Sie sich alles erklären?

	falan filan	dies und jenes
	zart zurt	hin und her, hier und da
	şöyle böyle	so und so
	zamazingo	Teil, Dings
	şey ya...	das Ding eben / der Wieheißtdernochmal
sag du es	**sen söyle...**	sag schon...
Bauchschmerzen	**karınağrısı**	Dingsbums, *auch*: Nervensäge

sarı çizmeli Mehmet ağa	der Hanswurst, der Soundso (für eine unbekannte Person)
meraklı Melahat	Wunderfitz steht für eine sehr neugierige Person(**Melahat** ist ein Frauenname, **meraklı Melahat** wird aber auch für Männer angewendet.)
şipşak	ratzfatz
ıvır zıvır	Krimskrams

Manchmal hört man auch **kıvır zıvır**. Ein **(k)ıvır zıvır işler müdürü** ist jemand, der sich mit Hingabe unwichtigen Sachen zuwendet, also *der Direktor für Krimskramsangelegenheiten.*

Alles Kuddelmuddel!

Es hat mich selbst überrascht, wie viele Wendungen für „heillos durcheinander, verwirrt" mir geläufig sind. Ich wusste gar nicht, dass wir so ein verwirrtes Volk sind. Nun ja, hinzu kommen noch diese Bezeichnungen:

arap saçı	Wirrwarr	*Araberhaare*
altüst etmek	durcheinander bringen	*oben unten machen*
çarsamba pazarı gibi	desolat, durcheinander	*wie beim Mittwochsmarkt*
karmakarışık	Kuddelmuddel	
darmadağan	Kuddelmuddel	
hallaç pamuğu gibi almak	durcheinander	*wie Baumwolle*
harman çorman	wüst durcheinander	

Yok ya! – Erstaunt sein

Wenn wir Türken vor Staunen dumm aus der Wäsche gucken, dann wird meisten ein **be** oder **ya** angefügt. Das ist schwierig zu übersetzen, aber im Deutschen würde man es am ehesten mit „Mann/verdammt“ übersetzen. Es sind einfach Suffixe, die in eine Unterhaltung dazugehören.

mach nicht, Mann	**yapma be**	hör auf damit!/ nein, echt?
	yapma ya	hör jetzt auf!/ was du nicht sagst!
	vay be	Ausdruck des Erstaunens, ähnlich wie „ach was”
los, Mann	**hadi be**	sag bloß
	hadi ya	ach was
	benimle alay mı ediyorsun?	Willst du mich verarschen?
ziehst du Wellen an mir vorbei?	**benimle dalga mı geçiyorsun?**	Willst du mich auf den Arm nehmen?
	emin misin?	Bist du dir sicher?
los, du auch	**hadi sende**	im Leben nicht!
	ulan be	so ein Quark/ so eine gequirlte Kacke
	hey be	Ausdruck des Erstaunens, ähnlich wie „ach was”
	eyt be	Ausdruck des Erstaunens, ähnlich wie „ach was”
	gırgır etme!	Hör auf mit den Späßchen!
sag nicht, Mann	**deme be!**	Sag bloß!

ciddi misin?	Ehrlich?	*bist du ernsthaft?*
vallah(i) (billahi)	ich schwör's dir (bei Gott)	*(aus dem Arabischen)*
yemin (lan)	ich schwöre es	*Schwur (Mann)*
harbi (diyorum)	ohne Scheiß	*treuherzig (sage ich)*
harbi (ya)	ohne Scheiß	*treuherzig*
sen onu külahıma anlat	Erzähl das der Parkuhr/dem Weihnachtsmann (Ein **külah** war im Osmanischen Reich eine kegelförmige Kopfbedeckung der Frauen)	*erzähl das meiner Kopfbedeckung*
oldu yazda ver	jajaja/ wer's glaubt wird selig	*es ist passiert, gib's mir geschrieben*
diyo(r)sun	das glaubst du doch selbst nicht!	*du sagst es*
yok ya!	das gibt's doch nicht!	
olacak iş mi yahu!	das kann doch nicht sein!	*ist das eine Arbeit, die sein kann, Mann?*
saçma sapan konuşma!	hör auf so'n Scheiß zu verzapfen!	
saçmalama!	hör auf Unsinn zu reden!	
donup kalmak	ganz erstaunt sein	*gefrierend bleiben*
Allah Allah	Ausdruck des Wunderns	

Die Wendung **koçum / aslanım / adamım / yiğidim / erkeğim benim** *(wörtl.: mein Widder / mein Löwe / mein Mann / mein mutiger Junge / mein Mann)* hört man häufig dann, wenn eine Person etwas Unglaubliches oder Außerordentliches vollbracht hat, was man ihm nicht zugetraut hätte, und somit darüber überrascht ist. Auch als Anerkennung für eine bestimmte Leistung wird diese Floskel verwendet. Man kann es ins Deutsche vielleicht als „der Held vom Erdbeerfeld" übertragen.

Wird ausschließlich für Männer verwendet!

Hava gazı rumba – Zustimmen und Ablehnen

mir was	**bana ne**	ist mir egal
Luft Gas Rumba	**hava gazı rumba**	schnurzpiepegal
kommender Herr, gehender Feldherr	**gelen ağam giden paşam**	zu allem Ja und Amen sagen
	herşeye he demek	zu allem Ja sagen
	beni ilgilendirmez	interessiert mich nicht
mir Sausen kommt	**bana vız gelir**	juckt mich nicht
ich hänge nicht	**ben takmam**	geht mir am Arsch vorbei
mich schütteln nicht	**beni ırgalamaz**	ist mir Schnuppe, geht mich nichts an

yukarıya tütkürsen bıyık, aşağa tükürsen sakal	Jacke wie Hose	*nach oben du würdest spucken Schnauzer, nach unten du würdest spucken Bart*
anlaştık	einverstanden	
pekala	geht klar	
başüstüne	in Ordnung	*Kopf obendrauf*
tamam	in Ordnung	
okey	OK	
olur	geht klar, machen wir	*geht*
iyi	gut	
öyle yapalım	machen wir so	*so wir machen*
olabilir	möglich	*es könnte gehen*
mümkün	möglich	

Yok!
Gibt's nicht!

Hayır!
Nein!

Olmaz!
Geht nicht!

İstemem!
Will ich nicht!

İmkânsız!
Unmöglich!

lazım değil!
Brauchen nicht ist
Brauche(n) ich (wir) nicht!

münasip (bir) yerine sok!
passend (ein) Platz steck
Schieb's dir sonstwo hin!

al, kıçına sok!
nimm, in deinen Arsch steck
Schieb's dir in den Arsch!

Eşek şanslı: Glück – oder auch Pech

Die folgenden Wörter bedeuten so viel wie „Unglücksrabe“ oder „Pechvogel“:

uğursuz	*ohne Glück*
tabansız	*ohne Boden/Fundament*
kısmetsiz	*ohne Schicksal*

Und diese Wörter bedeuten das Gegenteil davon ... also „Glückspilz“:

şanslı	*mit Glück*
uğurlu	*mit Glück*
ballı	*mit Honig*
kısmetli	*mit Schicksal*

auf vier Beine fallen	**dört ayak üstüne düşmek**	Schwein gehabt, dass...
bete dafür, dass...	**dua et ki ...**	sei froh, dass...
die Scheiße essen	**boku yemek**	in der Scheiße stecken
die Quitte essen	**ayvayı yemek**	nicht mehr weiter wissen
in den Boden sinken	**dibe batmak**	total fertig sein
seine Aufgabe nehmen	**dersini almak**	eine deftige Lektion erteilt bekommen
	dolandırmak	jemanden betrügen
	aldatılmak	betrogen werden
	kandırılmak	betrogen werden
	rezil etmek	jemanden blamieren
	kazıklamak	jemanden linken, verarschen
	tesadüfen	zufällig
	istemiyerek	ungewollt

gaf yapmak	ins Fettnäpfchen treten	
birine karşı pot kırmak	bei jemandem ins Fettnäpfchen treten	
şansına küs!	Pech gehabt!	*deiner Chance sei beleidigt*
talihine yan!	Pech gehabt!	*deinem Schicksal brenne*
acemi şanslı	Anfängerglück	
eşek şanslı	einer, der sehr viel Pech hat	*Eselsglück (= Pech)*
ucuz atlatmak	glimpflich davonkommen	*billig springen lassen*
birkaç ata birden oynamak	mehrere Eisen im Feuer haben	*zu mehreren Pferden gleichzeitig spielen*
boğazlanmak	reingelegt werden	
felek düşkünü	Pechvogel	*dem Schicksal Ergebener*

ben batmışım!
ich bin untergegangen
Ich bin ruiniert! / Ich hab's verschissen!

anamı siktiler!*
meine Mutter haben sie gefickt
Mich hat's böse erwischt!

ağzıma sıçtılar!*
in meinen Mund haben sie geschissen
Die haben mich fertig gemacht!

Labern & Quatschen

Die folgenden Wendungen können alle mit „labern, quatschen" übersetzt werden:

çene çalmak	*Schnabel spielen*
muhabbet etmek	*Zuneigung machen*
bülbül olmak	*Nachtigall sein*
laflamak	
geyik yapmak	*Hirsch machen*
lakırdamak	
gevezelemek	*sinnlos reden*

Wenn jemand grammatisch falsch spricht oder sich unverständlich ausdrückt, dann spricht er **tarzanca,** *was man als „tarzanisch" übersetzen kann. Tarzan (aus dem Urwald) kennen Sie ja … daher kommt das.*

Tövbe tövbe, çarpılacağız yahu – Religion

Allah ist allgegenwärtig. Nicht nur spirituell, sondern auch in unserer Umgangssprache. Mit diesem Thema tut sich ein großes Feld auf. 97% der türkischen Bevölkerung bekennen sich zum Islam. Auch nicht praktizierende Moslems und Angehörige anderer Konfessionen benutzen sehr oft Floskeln und Redewendungen, in denen **Allah,** Gott, vorkommt. Diese Floskeln benutzen junge wie alte Menschen. Die Anzahl der Floskeln, in denen Allah vorkommt, ist nicht unerheblich.

Ich muss noch hinzufügen, dass nicht alle Wendungen, in denen Allah vorkommt, unbedingt etwas Spirituell-Religiöses sein müssen. Selbst ein Nicht-Moslem kann diese Sätze bedenkenlos über seine Lippen bringen. Wenn ein Nicht-Moslem, der in der Regel die Gepflogenheiten des Islams nicht kennt, dennoch einen religiösen Wunsch, wie z. B. bei einer Geburt, **Allah bağışlasın**, Gott behüte es, äußert, wird derjenigen Person gegenüber immer großer Respekt gezollt.

Dieses Thema ist ein ziemlich kompliziertes Thema. Deshalb habe ich Ihnen, wo es nötig ist, Erklärungen und/oder Beispielsätze hinzugefügt.

Allah'ım!
mein Gott!/großer Gott!

Allah'ım sen bana sabır ver!
mein Gott, gib mir Geduld
Mein Gott, steh mir bei!

Diesen Satz wendet man insbesondere dann an, wenn jemand einem auf den Zeiger geht oder dauernd nervt.

Allah aşkına!
Um Gottes Willen!

Allah aşkına beni rahat bıraksana!
Um Gottes Willen, lass mich doch endlich in Ruhe!

Allah bağışlasın!
Gott behüte es!

Diese Floskel hört man dann, wenn eine Frau ein Kind auf die Welt gebracht hat, oder wenn in einem Gespräch die Anzahl der Kinder erwähnt werden. Wenn man dann noch erfährt, ob man Jungen oder Mädchen hat, schließt man das Thema mit einem **Allah bağışlasın** ab.

Allah bilir!
Weiß Gott! / Weiß der Geier!

Bu ekmek Allah bilir ne zamandan beri burada.
Weiß Gott / Weiß der Geier, seit wann dieses Brot da liegt.

Allah göstermesin!
Gott soll es nicht zeigen
Gott bewahre!

Oraya gitme! Allah göstermesin başına bir şey gelir!
Geh nicht dorthin! Gott bewahre, dir könnte etwas zustoßen!

sagt man zu einer Person, die gerade das Gebet verrichtet hat
Allah kabul etsin!
Vergelt's Gott!

Allah korusun!
Gott behüte/Gott beschütze!

sagt man am Geburtstag
Allah ömürler versin.
Gott möge dir ein langes Leben schenken.

Eigentlich heißt es **Allah'a ısmarladık**. *Man findet aber in jedem Wörterbuch auch die Slang-Schreibweise.*
Allah(ı)smar(la)dık
zu Gott bestellt
Auf Wiedersehen

Allah'a şükür
Gott sei gedankt

Allah'a şükür işler iyi gidiyor.
Gott sei Dank laufen die Geschäfte gut.

wenn du deinen Gott liebst
Allah'ını seversen
um Gottes Willen

Allah'ını seversen bana yardım et!
Um Gottes Willen, hilf mir!

Allah'ın belası
Gottes Fluch (Person), gottverlassen (Ort)

jeden Tag, den Gott werden lässt
her Allah'ın günü
tagtäglich

mit Gottes Erlaubnis
Allah'ın izniyle
mit Gottes Hilfe/so Gott will

Allah'tan	zum Glück / Gott sei Dank	*von Gott*
Allah'tan bulsun	Gott strafe ihn	*er soll es von Gott finden*
Allah'tan kork	schäm dich	*fürchte Allah*
Allah Allah	Ogottogott / wie seltsam	
Allah versin	sagt man zu Bettlern, wenn man nichts geben will	*Gott soll geben*

bismillah (hirrahmanirrahim)
im Namen des Herrn, des Gnädigen, des Barmherzigen

Dieser Spruch ist nicht Türkisch, sondern Arabisch. Kann bei jeder Tätigkeit, bevor man sie beginnt, gesagt werden. Insbesondere vor dem Essen ist es üblich.

Ekmek Kuran çarpsın!
das Brot und der Koran sollen mich treffen
Ich schwöre es bei allem, was mir heilig ist!

maşallah

... ist ein arabischer Spruch, der das Objekt der Bewunderung vor bösen Blicken schützen soll. Kann auch als „mein Gott" gedeutet werden, wie zum Beispiel

Maşallah nerelerdeydiniz?
Mein Gott, wo wart ihr denn?

In einem anderen Beispiel bedeutet es auch „in Ordnung/in guter Verfassung":

Kızın bugün maşallahı var.
Das Mädchen ist heute in guter Verfassung.

ya rabbim!
O Herr!

wird meistens gesagt, wenn man geflucht hat ... passt also hervorragend zu diesem Buch.

Tövbe tövbe!
Oh Gott, vergib mir!

inşallah
hoffentlich/so Gott will

Inşallah yarın hava güzel olur!
Hoffentlich ist morgen schönes Wetter!

Das sagt man meistens in Verbindung mit **tövbe tövbe, çarpılacağız yahu.** *Sehr oft zu hören, wenn man etwas „Unanständiges" getan hat...*

Çarpılacağız yahu!
Uns trifft gleich Gottes Strafe!

Eine Hochzeit in der Türkei ist eine schwere Geburt. Selbst eine Hochzeit wird durch Gott abgesegnet. Dabei spielen die Eltern des zukünftigen Paares eine ganz gewaltige Rolle. Der Vater des zukünftigen Bräutigams muss für seinen Sohn beim Vater der zukünftigen Braut um ihre Hand halten. Dabei sagt er diesen Satz:

Allah'ın emri, peygamberin kavliyle kızınız Selma'yı oğlumuz Ahmet'e istiyoruz.
Durch Gottes Befehl und des Propheten Übereinkunft möchten wir um die Hand Ihrer Tochter Selma für unseren Sohn Ahmet bitten.

Diesen Satz hört man oft in Szenen von türkischen Filmen, in denen eine Hochzeit zelebriert werden soll. Danach steht einer Hochzeit nichts mehr im Weg...bis zur Scheidung.

Kaldırmak ve yürütmek – Klauen & betrügen

Stellen Sie sich nun eine fiktive Gerichtsverhandlung in der Türkei vor...

Der Gerichtsdiener sagt: „Im Namen der Leser dieses Buches führe ich die Diebe, Lügner und Betrüger auf. Die Bezeichnungen der Angeklagten lauten wie folgt:“

kapkaççı	Handtaschendieb	
yankesici	Taschendieb	*Seitenschneider*
duvarcı	Einbrecher	*Maurer*
arakçı	Langfinger	
dızdızcı	Taschendieb	
sansar	Taschendieb	*Steinmarder*
anaforcu	Schieber	
aynacı	Schwindler	*Spiegelverkäufer*
çilingir	Einbrecher	
düzenbaz(cı)	Gauner, Intrigant	
soyguncu	(Bank)räuber	*Auszieher*
kaldırımcı	Schwindler	*Pflasterer*
üçkağıtçı	Betrüger	*einer mit drei Blättern*
dalavereci	Hochstapler	

„Den Angeklagten wird vorgeworfen, immer und überall diese Taten begangen zu haben:“

çalmak	klauen	*spielen*
yürütmek	mitgehen lassen	*laufen lassen*
aparmak	klauen	*wegbringen*
araklamak	stibitzen	
aşırmak	mitgehen lassen	

herumdrehen lassen	**dolandırmak**	betrügen, linken
das Steuerrad machen	**dümen yapmak**	Schwindel abziehen
	cebellezi etmek	mitgehen lassen
stoßen	**çarpmak**	klauen
Ventilator	**fırıldak**	Schwindel, Betrug
Betrug machen	**hile yapmak**	mogeln, betrügen
heben	**kaldırmak**	klauen

Der Staatsanwalt ergreift das Wort und fügt hinzu: „Den Angeklagten hat es auch nichts gebracht, dass sie **erkete durmak,** *Schmiere stehen.*“ Der Richter spricht: „Das Urteil im Namen der Leser und des Autors lautet wie folgt: die Angeklagten sind schuldig und werden für immer in diese Orte, die man Knast, Bau oder Loch nennt, eingesperrt.“

ins Innere eingepfercht werden	**içeriye tıkılmak**	eingelocht sein
	dam	*Dach*
	kafes	*Käfig*
	kodes	Schwedische Gardinen
	zindan	*Kerker*
	delik	*Loch*
	hapis(hane)	*Gefängnis*
	mapus(hane)	*Gefängnis (veraltet)*

„Das Urteil ist sofort zu vollstrecken!“ Wenn die Verurteilten eingelocht werden, werden ihnen aufmunternde Worte wie **Allah kurtarsın**, *Gott möge dich retten*, zugeschoben. Wenn dann die bösen Buben wieder herauskommen, sagt man zu ihnen **geçmiş olsun**, was so viel wie „sei froh, dass es vorbei ist“ bedeutet.

Dünyanın işi var –Schuften und Malochen

Es ist ein weit verbreitetes Gerücht, das wir die Arbeit nicht erfunden hätten. Nun ja, bei wenigen würde man das meinen, aber wir haben durch unser Klima ganz andere Arbeitszeiten als in Mitteleuropa. Durchschnittlich arbeiten Türken effektiver und haben eine längere Lebensarbeitszeit. Da können sich einige auf den Kopf stellen, aber so ist es nun einmal. Da die Arbeit in der Türkei hart ist, hat man sich auch um Bezeichnungen für's Schuften und Malochen Gedanken gemacht.

anam ağlıyor	ich bin total kaputt	*meine Mutter weint*
canım çıktı	ich bin am Arsch	*mein Leben ist rausgekommen*
öldüm	ich bin tot	
bittim	ich bin am Ende	
geberdim	ich bin k.o.	*ich bin verreckt*
anam sikildi*	*meine Mutter ist gefickt*	
eşek/köpek/it gibi çalışmak	malochen, schuften, rackern	*wie ein Esel / Hund / Köter arbeiten*
ter dökmek	rackern, büffeln	*Schweiß kippen lassen*
anasını bellemek	jemanden schinden	*seine Mutter auf den Rücken nehmen*
usta başı	Vorarbeiter	
ölesiye çalışmak	sich zu Tode schuften	*bis zum Tode arbeiten*
bugün dökülüyorum	ich bin heute geschafft	*heute fliege ich auseinander*
didinmek	sich abrackern	
dünyanın işi var	es gibt saumäßig viel zu tun	*es gibt Arbeit wie die ganze Welt*
hamallık	Schufterei *Trägerberuf (von Lasten, meist von Tagelöhnern)*	

Lernen und Büffeln

lesen	**okumak**	studieren
arbeiten	**çalışmak**	lernen
Ellbogen verfaulen lassen	**dirsek çürütmek**	die Schulbank drücken
andere Abteilung	**öbür şube**	Parallelklasse
die Kuh machen	**ineklemek**	pauken
auswendig lernen	**ezberlemek**	büffeln
in die Gedanken einnähen	**zihnine nakşetmek**	sich etwas einprägen
Grundstück sein	**arazi olmak**	blau machen
	okulu kaytarmak	Schule schwänzen
die Schule aufhängen	**okulu asmak**	Schule schwänzen
aus der Hintertür rausgehen	**arka kapıdan çıkmak**	die Schule ohne Abschluss verlassen
in der Klasse einschlagen	**sınıfta çakmak**	Ehrenrunde drehen / nicht versetzt werden
Kopie ziehen	**kopya çekmek**	abschreiben
hafız *ist jemand, der den Koran auswendig kann*	**hafız**	Büffler, Streber
	hafızlamak	büffeln
den Unterricht kochen lassen	**dersi kaynatmak**	den Lehrer vom Unterricht abhalten
simit *nehmen*	**simit almak**	eine „6“ kassieren
	delikli nane	eine „6“ kassieren

(simit *ist ein Gebäck in Form eines Kringels, mit Sesam beträufelt. Da der Kringel wie eine „Null“ aussieht und die schlechteste Schulnote eine Null ist, hat sich diese Wendung eingebürgert.*

delikli nane (gelöcherter Pfefferminz) war in den Achtziger Jahren ein Synonym für **polo şeker,** ein Pfefferminzbonbon, das in der Mitte ein Loch hatte. Als Kind fand (nicht nur) ich die Dinger scheußlich, deshalb ist das heute ein Ausdruck für „Schulnote 6“

Üff be, nedir senden çektiğim? – Floskeln

Ganz beliebt sind bei uns die „be“ und „ya“-Floskeln. Diese werden dem Verb oder Adverb angehängt. Im Grunde genommen können Sie diese Wörter an jedes Wort anhängen, zum Beispiel wenn Sie **söyle be**, *sag schon,* oder **deme be**, *sag bloß nicht,* sagen wollen. Es ist unmöglich, alle Floskeln hier aufzulisten. Ich habe die gängigsten Wendungen aufgezählt.

Manche Floskeln haben im Deutschen zwei oder mehrere Bedeutungen und es kommt darauf an, wie der Tonfall des Sprechers ist. Nehmen wir hierzu die Floskel **yapma be**, *hör bloß auf,* als Beispiel: wenn der Tonfall ansteigt und die Tonhöhe niedrig ist, dann bedeutet das: „hör auf damit“. Fällt der Ton jedoch und die Tonhöhe ist hoch, dann bedeutet das: „was du nicht sagst“. Bei einer Konversation hört auch der ungeübte Türkischsprecher die Bedeutung der jeweiligen Floskel sofort heraus.

üff be/üff be ya	o Mann
a a!	ach was, echt? / das gibt's doch nicht!
gel lan	komm her, verdammt!
hadi bakalım	auf, los!
hadi kaçalım	komm, lass uns abhauen
hadi senin dediğin olsun	schon gut, machen wir es so, wie du es sagst
oh olsun!	Ätsch/geschieht dir Recht!

oh canıma deysin!
Ätsch, es soll mein Leben berühren
Ätsch, du hast es nicht anders verdient!

wird bei Schadenfreude angewendet

cart, kaba kağıt!
ratz, grobes Papier
Päääh, da hast du's!

hadi hadi	komm, mach schon *(ganz schnell aussprechen, das ist der Clou dabei!)*
sakın ha!	Bloß nicht!
bak şimdi (*schau jetzt*)	O Mann/Mannometer
öf öf	Mannomann, bin ich kaputt! (nach der Arbeit)
Nedir senden çektiğim? (*Was muss ich von dir ziehen?*)	Du gehst mir auf die Nerven!
ayıp (be)!	Schande!
vah vah	oje, ojemine/ach du Schande
hayrola?	Nanu? Was gibt's?
ha şöyle	na also, geht doch
bana bak (*Schau mich an!*)	hör mal (zu)
yuh (be)!	schäm dich!
ay!	Ach du Schande! / Ach du heilige Scheiße!

Alle 3 Ausrufe dienen zum Treiben vom Vieh und sind abwertend gemeint.

Die drei folgenden Floskeln gehören nicht in eine gesittete Unterhaltung! Deshalb bitte nicht benutzen, auch wenn Sie sie ständig hören sollten:

çüş (be)!	Nun mach mal halblang! / Was soll der Scheiß?
oha!	Übertreib mal nicht!
höşt!	Verpiss dich! / Mach das du Land gewinnst!

Die Floskel **ayol** stammt aus dem Alttürkischen, wird aber in den ländlichen Gegenden um Gaziantep als **eyel** oder **ayel** (=Frau) gebraucht (in anderen Turksprachen, z. B. Kasachisch, bedeutet Frau „ajel" und auf Usbekisch „ajol").

Diese Floskel wird hauptsächlich von Frauen und Transsexuellen gebraucht. Sie hat aber ihre ursprüngliche Bedeutung verloren und wird heute eher als „na" oder „he" übersetzt.

Ich muss das immer über mich ergehen lassen, wenn meine Nachbarinnen, die ihre Einkäufe getätigt haben, drei Stunden lang im Hausflur stehen und die weltbewegenden Neuigkeiten austauschen:

Ayol, duydun mu? Hatice hamileymiş!
He, hast du schon gehört? Hatice soll schwanger sein!

Mal ehrlich: wenn Männer so sprechen, hört sich das tuntenhaft an.

Yapma ya! Ayol, kim yapmış be?
Sag bloß! Na, wer war denn das?

Etwas Erklärungsbedarf hat der Partikel **lan**. Eigentlich heißt es **ulan**, was im ursprünglichen Sinne keine abwertende Bedeutung hatte. Es kann mit „Menschenskind / zum Donnerwetter noch mal / verdammt" übersetzt werden.

Vermeiden Sie dieses Wort dennoch, insbesondere gegenüber fremden Personen, weil es zotig und flegelhaft wirkt! Unter Freunden werden Sie dieses Wort aber sehr oft hören, und das in unzähligen Dialekten. Das kann sich zum Beispiel so anhören:

lan / len / ulan / ulen / uleng / lou / leng / lo / lau / la und so weiter und so fort...

Üff be, nedir senden çektiğim? – Floskeln

Die Floskel **sıhatler olsun** *wird meistens so schnell gesprochen, dass man* **saatler olsun** *versteht. Was ist daran so lustig? Nun,* **saatler** *bedeutet „Uhren". Das hört sich besonders herzig an, wenn Kinder das sagen: „Die Uhren sollen sein".*

Falls Sie nach einer Dusche, Haarschnitt oder Rasur mit **sıhatler olsun** angesprochen werden, ist das ein gutgemeinter Wunsch. Das hat eine ähnliche Bedeutung wie „Wohl bekomm's". Als Gegenreaktion folgt ein einfaches **sağ ol,** Dankeschön. Eine andere Floskel, die im Deutschen eher als Schadenfreude aufgefasst werden würde, ist in der Türkei gängig: **kolay gelsin,** *auf dass es dir leicht falle.* Man sagt das zu Personen, die gerade bei der Arbeit sind oder andere, besonders körperliche, Tätigkeiten ausüben. Wenn Sie dann die Antwort **kolaysa başına gelsin,** *wenn es so leicht wäre, soll es dir auch geschehen*, erhalten, dann bedeutet das ganz simpel: Dankeschön.

Für jeden Anlass haben wir verschiedene Wunschformeln, die sich so anhören:

Geburtstag: **doğum günün(üz) kutlu olsun**
Alles Gute zu deinem/Ihrem Geburtstag

Feiertag: **Bayramın(ız) kutlu olsun**
euer/Ihr Feiertag möge gesegnet sein
Frohe Festtage

Zu religiösen Feiertagen äußert man den Wunsch **Bayramın(ız) mübarek olsun**, was die gleiche Bedeutung wie in der vorangehenden Floskel hat.

Neujahr: **yeni yılınız kutlu olsun**
euer/Ihr neues Jahr möge gesegnet sein
gutes neues Jahr

Allah mesut etsin/Allah bir yastıkta kocasın *Verlobung/Hochzeit*
Gott soll Sie/euch glücklich machen /
Gott möge euch bei einem Kissen alt werden lassen
Alles Gute zur Verlobung/Hochzeit!

Allah bağışlasın/analı babalı büyüsün *Geburt*
Gott soll es erhalten /
auf dass es mit Vater und Mutter aufwachse
Glückwunsch zur Geburt!

Allah rahatlık versin
Gott möge angenehme Ruhe geben
Gute Nacht!

Kaymak gibi — super, spitze, affengeil

Hier nun eine Selektion von Ausdrücken, die etwas Positives beschreiben:

mis gibi (hauptsächlich für Essen und Bekleidung)	fein, lecker	*Moschus wie*
kaymak gibi	erste Sahne	*Sahne wie*
fevkalade	Spitzenklasse	
aslan gibi	saugut	*Löwe wie*
şahane	super, genial	
bomba gibi	bombastisch	*Bombe wie*
bir numara	erste Klasse	*Nummer 1*
olağanüstü	Wahnsinn, außergewöhnlich	*außergewöhnlich*
inanılmaz	unglaublich, irre	
süper	super	
birinci sınıf	erste Klasse	

	harika	geil
so Art	**o biçim**	scharf
	vay be!	wow! Affengeil!
lebe-es	**yaşasın**	Hurra
Paradies wie	**cennet gibi**	ein sehr angenehmer Ort
Welt es-würde-geben	**dünya varmış**	na endlich/herrlich
	(bei Beendigung einer Unannehmlichkeit)	
	oh be!	na, endlich!
	müthiş	geil, toll
Erdnuss wie	**fıstık gibi**	wunderschön, megagenial
Honig wie	**bal gibi**	wie geschmiert
	kıyak	dufte, prima
	(heißt auch Freundschaftsdienst, Gefallen)	
	kral (gibi)	König, königlich
	immer in Verbindung mit Sachen, z. B.	
König (wie) Auto	**kral (gibi) araba**	super Schlitten
mein Junges / mein Kleines	**yavrum be!**	Wow! Der Hammer! Megageil!
	(Dies ist ständig und überall zu hören.)	

sikici durum — blöde, beschissen

Hier nun eine Selektion von Ausdrücken, die etwas Negatives beschreiben:

	aptal	dumm
	manyak	verrückt, durchgeknallt
	salak	idiotisch, Idiot
	mankafa	Vollidiot
Ganskopf	**kazkafa**	Döskopf
Ochse	**öküz**	Hornochse
Karpfen	**sazan**	Eierkopf, Blödmann

ukala	Besserwisser	
boktan	beschissen	
sinir	Nervensäge	*Nerv*
berbat	furchtbar, total blöde	
rezil	blamierend, Schande	
kafayı yemek	durchdrehen	*den Kopf essen*
keçileri kaçırmak	durchdrehen	*die Ziegen entführen*
şapşal	ungeschickter Typ	

Ayvayı yedin mi şimdi?
die Quitte hast du gegessen jetzt?
Jetzt ist die Kacke am Dampfen! /
Jetzt hast du's ausgeschissen!

şimdi ne bok yiyeceksin?
jetzt was Scheiße wirst du essen?
Was wirst du jetzt machen?
Wie soll's weitergehen?

Ananın amcası!
Mutters Onkel
Verdammte Scheiße!

lassen Sie zwischen den Wörtern eine Pause. Das wirkt so, als ob Sie **ananın amı**, *Mutters Fotze, sagen wollten!*

Ben yanmışım!
ich sei verbrannt
Ich bin verloren!

Ben batmışım!
ich sei gesunken
Ich bin verloren!

sikici durum
verfickte Lage

Verballhornung von **sıkıcı durum** *(= bedrückende, ausweglose Situation)*

Bu boşa gitti!
dies ins Leere ging
Das war für die Katz!

einer mit zurückgebliebenem Verstand	**gerizekalı**	Vollidiot
	birini kazıklamak	jemanden verarschen, linken, betrügen
ich mit dir kann nicht beschäftigen mich	**ben seninle uğraşamam**	ich hab keinen Bock auf dich
die Einstellung kaputt	**ayarı bozuk**	charakterlose Person
unausgeglichen	**dengesiz**	launisch wie das Wetter

Bir çuval inciri berbat ettin!
einen Sack Feigen furchtbar du hast gemacht
Da haben wir den Salat!

Ulan be, işin içine tükürdün!
Mann, in die Arbeit innen du hast reingespuckt
Mann, jetzt hast du's total versaut!

das Verfickte aus Scheiße	**siktiri boktan**	total beschissen
sein Arsch mit Scheiße	**götü boklu**	ein Taugenichts
die Arbeit ohne Spiegel geht	**işler kesat gidiyor**	es läuft schlecht
Antike einer	**antika biri**	schräger Vogel/ komischer Kauz
	meret	Mist, Dreck, Scheiße, verdammt
er sei tot, zu begraben sie haben vergessen	**ölmüş, gömmeyi unutmuşlar**	Außenseiter, Nervtöter

Seni bana sayıyla mı verdiler?
dich mir mit Zahlen sie haben gegeben?
Wer hat dich hierher bestellt?

Millet deliye, biz akıllıya hasretiz!
das Volk dem Verrückten, wir den Klugen in Sehnsucht sein
Kannst du auch mal was Sinnvolles von dir geben?

Es gab vor etwa zwei Jahren im Fernsehen eine **dizi**, Serie, in dem der Vater seinen Sohn ständig als **dumkof** bezeichnete. Der Clou an der Sache: in der Serie ist das eine aus Deutschland in die Türkei zurückgekehrte Familie, wobei das Familienoberhaupt aus dem deutschen Vokabular nur das Wort *Dummkopf* kennt. So hat sich das Wort *Dummkopf* irgendwie seinen Weg in die gesprochene türkische Sprache geebnet. Da bestreite doch jemand die deutsch-türkische Freundschaft.

Atasözleri – Sprichwörter

Hier kommt nun eine wirklich kleine Auswahl von Sprichwörtern, zu Türkisch: **Atasözleri**. Atasözleri bedeutet „die Wörter der Vorfahren/Ahnen“ und bezeugt die reichhaltige Weisheit der älteren Generation. Ich kenne die genaue Anzahl der Sprichwörter gar nicht, aber sie scheinen in schier endloser Zahl vorhanden zu sein. Sehr viele türkische Sprichwörter können nicht ins Deutsche übertragen werden, da geschichtliche, soziale und ökonomische Geschehnisse die Entstehung der Sprichwörter nachhaltig geprägt haben.

Hamama giren terler

Übersetzt bedeutet dieses Sprichwort: *wer in den Hamam geht, schwitzt.* Ein **hamam** ist ein türkisches Bad. Dieses Sprichwort besagt, dass eine schwere und komplizierte Arbeit gut durchdacht werden sollte, bevor man damit beginnt.

Gurbette taşa yaslanmayan, evdeki halının kıymetini bilmez

Dieses Sprichwort macht einem klar, dass man die Gemütlichkeit und Geborgenheit, die man zu Hause oder in der Heimat vorfindet erst dann zu schätzen weiß, wenn man in der Ferne in Sorgen gelebt hat. Übersetzung: *Jemand, der sich in der Ferne nicht an einen Stein anlehnt, kennt den Wert seines Teppichs zu Hause nicht.*

Büyük balık küçük balığı yutar

Das muss nicht großartig erläutert werden, da dieses Sprichwort überall auf der Welt seine Gültigkeit hat: *Der große Fisch schluckt den kleinen Fisch.*

Peşkeş atın dişine bakılmaz

Das türkische Pendant zu *einem geschenkten Gaul schaut man nicht ins Maul.*

Balcıya pekmez satılmaz

In der Türkei wird es als große Unverschämtheit angesehen, jemandem unaufgeforderte Ratschläge zu erteilen, der erfolgreich in seinem Beruf ist und sein Können unter Beweis gestellt hat. Deshalb sagen wir in der Türkei: *Einem Honighändler verkauft man keinen Traubensirup* (Traubensirup=pekmez).

Dost kara günde belli olur

Auch diese weisen Worte bestätigen sich immer wieder auf der ganzen Welt: *deine wahren Freunde siehst du an deinen traurigen Tagen.*

Bacaksızlar, moruk, bacı ve birader
– Familienleben auf Türkisch

„Die Kinder sind unsere Zukunft!“
(Atatürk)

Die Türkei ist eines der kinderfreundlichsten Länder der Welt. Mustafa Kemal Atatürk, der die heutige Republik Türkei gründete, liebte Kinder sehr. Als er in İstanbul den damaligen Oberbürgermeister besuchen wollte, spielten Kinder auf der Straße. Seine Mitarbeiter wollten die Kinder von der Straße verjagen, woraufhin Mustafa Kemal Atatürk entgegnete: „Lasst die Kinder spielen! Wir nehmen eine andere Straße. Wisst ihr denn eigentlich nicht, dass die Kinder unsere Zukunft sind?“

Çankaya *war Atatürks Privatvilla, wo er sich oft aufhielt, wenn er nicht gerade in der Republik unterwegs war. Er vermachte seine Residenz dem türkischen Volk. Seit Atatürks Tod ist* **Çankaya** *der Wohn- und Regierungssitz des türkischen Staatspräsidenten.*

Ob diese Anekdote nun wahr ist oder nicht, kann man nicht nachweisen, aber ich kann mir durchaus vorstellen, dass sie wahr ist. Über die Kinderfreundlichkeit Atatürks gibt es aber absolut keine Spekulationen, da seine Einstellung gegenüber Kinder dokumentiert ist. Man sagt sogar, dass er hin und wieder Kinder mit ihren Eltern eingeladen habe, damit sie auf dem **Çankaya**-Gelände, dem Regierungssitz des türkischen Präsidenten, spielen konnten.

Hier nun Bezeichnungen für Kinder. Für Jungen:

veled	aus dem Arabischen für Junge	
bacaksız	rotzfrecher Schlingel	*ohne Beine*
sibop	kleiner Racker	*Ventil (durch eine Fernsehserie geprägt)*
bücür	*Zwerg*	
afacan	Bengel	
boysuz	Bengel	*ohne Größe*
yumurcak	kleine Nervensäge	*Pestbeule*
bıdık	Kleiner (manchmal auch für "Dickerchen")	
kerata	Schlingel	*Schelm, Schuhanzieher*
haydut	kleiner Schlingel	*Bandit*

Für Mädchen:

zilli	Göre	*mit Klingel*
süslü Pakize	ein Mädchen, das sehr auf ihr Äußeres achtet	*geschmückte Pakize (weiblicher Vorname)*
taş bebek	ein bildhübsches Mädchen	*Puppe aus Stein*
çitlembik	(eigentlich eine Pistazienart)	
ece	Schönheit	*Königin*

Die liebe Verwandtschaft

Dem Familiensinn der Türken ist es zu verdanken, dass sich auch hier (teilweise) Slangbegriffe aufgetan haben. Ich bezeichne zum Beispiel meinen vier Jahre jüngeren Bruder als **birader**. Doch nicht alle Begriffe sind Slangbegriffe. Es gibt eine Regel: Ältere werden grundsätzlich „respektvoll" angesprochen.

Einfach nur den Vornamen zu rufen, gilt als Unverschämtheit. Natürlich ist man Ausländern gegenüber nachsichtig, wenn man nur den Vornamen der Person nennt.

Ältere Männer werden in der Regel mit dem Vornamen (vorausgesetzt, er ist einem bekannt) plus **abi**, **amca**, oder seltener **dayı** gerufen.

Frauen werden hingegen mit **abla**, **teyze** oder **yenge** angesprochen.

Wesentlich ältere Männer werden mit dem Vornamen plus **dede** (Achtung: Sie treten in ein Fettnäpfchen, wenn Sie kein Wissen darüber haben, ob er auch wirklich schon Großvater ist) angesprochen.

Ein Tipp: wenn Sie wirklich alles auf die sichere Seite nehmen wollen, dann reden Sie (ältere) Männer mit **abi** und (ältere) Frauen mit **abla** oder **teyze** an.

(in ländlichen Gegenden)

ana	Mutter
peder	Vater
(**peder** *werden auch Pfarrer genannt. Achtung, wird abwertend gebraucht!*)	
moruk*	Vater („Alter“)
(Eine Beleidigung! Vorsicht mit dem Gebrauch!)	
abla	ältere Schwester
ağabey/abi	älterer Bruder
wird in Zeitungen und in mancher Literatur so geschrieben, wie man es spricht: **abi**	
kardeş	jüngerer Bruder
kız kardeş	jüngere Schwester

kardeş	*auch:* Kumpel, Kollege, Freund	*(nur unter Männern!)*
bacı	Schwester	*(in der Osttürkei)*
birader	Bruder	
dede	Opa	
nine	Oma	
(Achtung: **nine** *wird auch abfällig für „alte Schachtel" gebraucht!)*		
kocakarı*	Oma („alte Schachtel", „alte Trulle")	*großes Weib*
annanne	Großmutter (die Mutter der Mutter)	*eigentlich:* **anneanne**
babanne	Großmutter (die Mutter des Vaters)	*eigentlich:* **babaanne**
avrat*	Ehefrau, Weib	*abwertend & beleidigend!*
yeğen	Neffe/Nichte	
dayı	Onkel (Bruder der Mutter)	
amca	Onkel (Bruder des Vaters)	
yenge	Tante (Frau des Onkels)	
teyze	Tante (Schwester der Mutter)	
hala	Tante (Schwester des Vaters)	
elti	Schwägerin (Frau des Bruders des Ehemannes)	
enişte	Schwager (Mann d. Schwester), Onkel (Mann der Tante)	
görümce	Schwester des Ehemannes	
baldız	Schwester der Ehefrau	
bacanak	Ehemann der Schwägerin	
torun	Enkel	
dünürler	Schwiegereltern	
dünürcü	Brautwerber	
dünürleşmek	verschwägert werden	
kaynana	Schwiegermutter	
(Achtung: wird abwertend gebraucht!)		

	kayınvalide (**valide** *war im Osmanischen Reich die Mutter des Sultans)*	Schwiegermutter
	kayınbaba	Schwiegervater
Bräutigam	**damat**	Schwiegersohn
Braut	**gelin**	Schwiegertochter

Die junge Generation benutzt häufig die eingetürkischte Version **kuzen** für Cousine und Cousin. Früher sagte man noch **amca / dayı / hala / teyze oğlu** (Cousin) oder **amca / dayı / hala / teyze kızı** (Cousine).

Eine Kuriosität aus **Diyarbakır** (Südosttürkei): ich wurde von einem Älteren (mein Gesprächspartner war 40 Jahre alt) als **abi** tituliert! Als Grund erklärte er mir, dass man mit dieser Anrede seinen Respekt gegenüber dem Anderen bezeugt, auch wenn man (wesentlich) jünger ist. Selbstverständlich redete ich ihn, so wie es sich gehört, auch mit **abi** an.

Männer reden Frauen dort grundsätzlich mit **abla** oder **bacı** an, auch wenn die Frau mitteilt, die Höflichkeiten zu unterlassen.

Körpersprache

Als der liebe Gott uns Türken erschuf, gab er uns etwas mit auf den Weg, weil er wusste, dass uns zum Reden nur der Mund nicht ausreichen würde: die Körpersprache.

Wir reden quasi mit „Händen und Füßen", was unweigerlich dazu führt, dass eine Unterhaltung erst richtig „lebendig" wird. Die Körpersprache beschränkt sich aber auf keinem Fall nur auf die Spiegelung der gesprochenen Sprache, sondern dient auch dazu, durch körperliche Gesten seinem Gegenüber Respekt und Sympathie (oder das Gegenteil) zu erweisen.

Fangen wir erst einmal mit dem an, was man Ihnen als Ausländer oder Nicht-Moslem nicht übel nehmen wird, wenn Sie sich nicht an die Sitte halten: der Gebetsruf **ezan** ertönt fünf mal am Tag. Der Islam spielt in unserem Leben eine starke Rolle. Wenn der **müezzin**, der Gebetsrufer, in die Moschee ruft, dann setzt man sich währenddessen so hin, dass der Respekt gegenüber der Religion gewahrt wird.

Falls Sie liegen sollten, dann richten Sie sich auf und setzen sich aufrecht auf den Sessel/das Sofa oder auf den Boden. Manche Moslems reden sogar während des **ezan** nicht und schalten ihre Fernseher/Radios stumm. Wenn der Gebetsruf erklungen ist, können Sie wieder eine bequeme Liegeposition einnehmen.

Gesten und Handzeichen

Fremde begrüßen sich per Handschlag. Bekannte (ein „Bekannter" ist man ab dem zweiten Treffen!) begrüßen sich per Wangenkuss, jeweils links und rechts ein Mal (manchmal wird der Wangenkuss nur angedeutet). Von „Mann zu Mann" begrüßt man sich auch so. Bei der jungen Generation spielt hierbei das Geschlecht keine Rolle. Doch Vorsicht: die Generation ab Vierzig verhält sich da etwas anders. Ein Mann (insbesondere ein verheirateter Mann) sollte einen Wangenkuss bei einer anderen Frau tunlichst vermeiden (Ausnahmen bilden da natürlich die weiblichen Familienmitglieder).

Der Wangenkuss gilt als ein Zeichen der Sympathie. Seien Sie also vorsichtig mit den übertriebenen Wangenkuss, da dies zu schnell als Vertrauensbeweis gedeutet werden kann.

In den ländlichen Gegenden ist es Sitte, dass man aufsteht, wenn ein bedeutend älterer Mann sich in die Runde gesellt. Dies ist auch ein Zeichen des Respekts und der Hochachtung gegenüber der Person.

Eine Geste verursacht bei Ausländern leider sehr oft Missverständnisse: der Arm ist nach oben ausgestreckt und man winkt mit dem Handrücken nach oben ... das bedeutet nicht, wie es in Deutschland der Fall ist, „hau ab" oder „verschwinde", sondern genau das Gegenteil: „komm her".

Eine andere respektbezeugende Geste ist der „Handkuss“: der/die Jüngere küsst dem/der (in der Regel wesentlich) Älteren die Hand und führt die geküsste Hand auf die eigene Stirn. Dies wird so auch bei religiösen Festen gehandhabt.

Wenn jemand seine rechte Hand an sein Herz führt und dabei mit geschlossenen Augen den Kopf leicht nach unten führt, dann antwortet er auf die Frage: wie geht es dir?. Diese Körperbewegung bedeutet: Danke, gut. Bewegt er sein Kopf aber nicht nach unten, sondern schüttelt ihn mehrfach, dann möchte er damit ausdrücken: nein, Danke, ich habe genug.

Eine andere Form der Verneinung wird durch das Hochziehen der Augenbrauen und mit gleichzeitigem Schnalzen der Zunge dargestellt. Meistens folgt dem noch ein kräftiges **hayır**, Nein.

Eine andere Handbewegung, bei dem Vorsicht geboten ist: man streckt die Hand etwas vom Körper weg, so dass die Handinnenfläche dem Gegenüber gerichtet ist und streckt den Zeigefinger hoch. Dabei bewegt man den Finger hin und her. Diese Geste bedeutet: lass das sein, sonst kracht’s. Genau dieselbe Bedeutung hat es auch, wenn der Finger direkt auf den Gegenüber gezeigt wird. Das leichte, schnelle Kopfschütteln bedeutet nicht „Nein“, sondern dass man auf der Leitung steht. Es bedeutet „wie bitte? Wie meinst du das?“

Wenn der Daumen und der Zeigefinger aneinander gerieben werden, bedeutet das: das ist zu teuer. Zwei ausgestreckte Zeigefinger, die aneinander gerieben werden, zeigen eine enge Bindung zweier Sachen oder Personen. Man kann dies auch als „sehr nah beieinander, gleich nebenan", z. B. in unmittelbarer Nähe deuten.

Wenn die Hand mit der offenen Handfläche gekreiselt wird, dann bedeutet dies: Mannometer, mein lieber Freund und Kupferstecher. Diese Handbewegung wird von vielen auch zum Ausdruck ihrer Bewunderung, Annerkennung und/oder ihres Erstaunens benutzt. Fast immer wird diese Handbewegung von einem langgezogenen **ohooo** begleitet.

Über eine lange Distanz ist natürlich das Sichtfeld verringert. In einer bumsvollen Bar ist diese Geste ganz wichtig. Man schicke seinen Freund an den Tresen und man selbst bleibe am Tisch an der Eingangstür sitzen. Wenn man nichts zu trinken mag, dann nimmt man beide Hände und bewegt sie zwei Mal ganz schnell vom Körper weg. Dies bedeutet: ich möchte nichts.

Wenn die offene Hand ein Mal zur Seite oder zum Körper hin bewegt wird, dann bedeutet das: scheiß drauf/ist doch Wurst. Es bedeutet in keiner Weise einfach nur „ist egal", sondern wird abwertend gebraucht. „Ist egal" wird dadurch gezeigt, in dem man den Kopf leicht zur Seite nickt und gleichzeitig die Augenbrauen leicht nach unten drückt. Hin und wieder wird das von einem **ehh** begleitet.

So etwas wie den „Stinkefinger“ (manche kennen diese Geste auch als den „Effe“) gibt es bei uns nicht. Wir haben dafür den „Stinkdaumen“. Dabei schiebt man seinen Daumen zwischen Zeigefinger und Mittelfinger. Dieses Handzeichen hat mehrere Bedeutungen. Eine ganz gefährliche Situation ist dann gegeben, wenn diese Geste mit „na komm, mach mich doch fertig“ gedeutet wird. Ansonsten kann es auch so eine harmlose Bedeutung wie „das will ich aber sehen, wie du das machst“ haben. Hier ist der Kontext wichtig. Ich rate Ihnen dringend davon ab, dieses Handzeichen zu benutzen.

Wenn Sie die rechte Hand spreizen und in Kopfhöhe ein paar Mal hin und her drehen, dann wollen Sie Ihrem Gegenüber damit sagen: „du hast sie wohl nicht mehr alle“ oder „du spinnst“.

Wenn wir zählen, dann beginnen wir nicht mit dem Daumen, sondern mit dem Zeigefinger. Das mutet jetzt für Sie etwas seltsam an, aber wir beginnen mit dem Zeigefinger und setzen das Zählen bis zum kleinen Finger fort. Bei der „fünf“ berühren sich alle Fingerspitzen.

Da sich gerade die Fingerspitzen berühren ... es gibt noch eine Geste, bei der sich die Fingerspitzen berühren und wieder auseinandergehen. Das bedeutet: „der Laden ist rappelvoll, es ist viel los“.

Insider-Infos

Es gibt bei uns ein (ungeschriebenes) Gesetz: du hast einem Gast alles zu geben, was du hast. Auf diesem Kodex basiert unsere Gastfreundschaft. Es wäre eine große Schande für den Gastgeber, wenn sich der Gast nicht wohlfühlen würde. Die Gastfreundschaft ist eine der wichtigsten Regeln unseres gemeinschaftlichen Zusammenlebens, egal ob es sich beim Gast um einen Einheimischen oder Ausländer handelt.

Ein Mann hat Distanz zu einer Frau halten. Es gibt natürlich „Kletten“, die einen so lange stressen, bis man nachgibt. Zeigen Sie diesen Herren deutlich, dass Sie kein Interesse an ihnen haben und weisen Sie sie in ihre Schranken. Doch scheren Sie bitte nicht alle Männer über einen Kamm. Viele wollen wirklich nur freundlich, höflich und hilfsbereit sein und Ihnen nur die Stadt zeigen.

Falls Sie im Fastenmonat **Ramazan** zum **iftar**, dem Fastenbruch, eingeladen werden, dann können Sie sich geehrt fühlen. Zwischen Sonnenaufgang und Sonnenuntergang sind Essen, Trinken, Rauchen und Geschlechtsverkehr tabu. **İftar** ist das Abendessen, bei dem (normalerweise) die ganze Familie zu Tisch ist und die Mahlzeit eingenommen wird. Im **Ramazan** lädt man für gewöhnlich nur Verwandte oder sehr gute Freunde zum Essen ein. Falls Sie als Nicht-Moslem eingeladen werden sollten, dann bedeutet das, dass Sie sehr gemocht werden und dass Sie sich besonders viel Respekt verdient haben. Kinder, schwangere Frauen, Kranke und Personen, die körperlich schweren Arbeiten nachgehen, sind von der Pflicht des Fastens be-

freit. Selbstverständlich wird es Ihnen keiner übel nehmen, wenn Sie die islamischen Sitten nicht kennen. Seien Sie aber bitte so rücksichtsvoll und essen, trinken oder rauchen Sie nicht in Gegenwart derer, die ihrer religiösen Pflicht des Fastens nachgehen. Alkohol ist eigentlich im Islam sowieso nicht erlaubt, aber an **Ramazan** ist es überhaupt nicht gerne gesehen.

Es ergibt sich aus dem Höflichkeitskodex, dass in öffentlichen Verkehrsmitteln Alte, Körperbehinderte und Frauen mit Kindern, was die Sitzplätze angeht, Vorrang haben. Man(n) bietet auch gerne Damen seinen Platz an, was bei den rappelvollen Verkehrsmitteln in İstanbul tagtäglich zu sehen ist. Denken Sie aber bitte daran, dass eine „automatische Sitzplatzgarantie“ nicht selbstverständlich ist.

Wenn es etwas gibt, was wir nicht mögen, dann ist es Unhöflichkeit. Höflichkeit besteht nicht nur darin, freundlich zu sein (das wäre ja dann Freundlichkeit), sondern sich den Umgangsformen der Einheimischen anzupassen. Ein Zeichen unserer Höflichkeit ist, dass wir Touristen/Ausländer bevorzugt behandeln, weil sie eben Fremde sind und nicht alle Umgangsformen kennen. Es erwartet niemand von Ihnen, dass Sie sich alle Sitten und Gebräuche abgucken, aber eben diese Höflichkeit, die „kleinen Dinge“ können Ihnen manche Tore öffnen.

İsteriz! – Musik

Wenn Sie in der Türkei jemanden fragen, ob er singen kann, dann werden Sie von fast allen eine positive Antwort bekommen. Wir lieben die Musik, es geht praktisch nicht ohne. Die türkische Musik ist im Laufe der Geschichte sehr stark von der arabischen Musik beeinflusst worden, sodass Parallelen nicht unhörbar sind.

Türk Sanat Müziği	türkische „Volksmusik“ In keiner Weise mit der deutschen Volksmusik vergleichbar! Sie ist sehr beliebt.	*türkische Kunstmusik*
Türk Halk Müziği	ursprüngliche türkische Volksmusik, das Produkt davon ist	
Türkü Arabesk	ähnlicher Stil wie Volksmusik, aber mit starken arabischen Einflüssen	
Pop	stinkeinfache Popmusik mit türkischen Texten	
Fantazi	Soft-Pop	
Türkü okumak / söylemek	ein Lied vortragen/singen	*ein Lied lesen/sagen*
dımbırdatmak	ein Instrument zupfen, geigen	
dımbırtı	Gejaule, Gequäke	
zımbırtı	Gekratze, Gequietsche	
tıngırdatmak	klimpern	

Lied explodieren lassen	**şarkı patlatmak**	ein Lied trällern
Rohrleger	**borucu**	Trompeter
Pfui-Rohr	**yuf borusu**	Trompete
Halay ziehen	**Halay çekmek**	den **Halay** tanzen (**Halay** ist ein Reigentanz, meistens in Begleitung mit Oboe und Trommel)
	cümbüş	Party, Tanzvergnügen (eigentlich ein türkisches Instrument, ähnlich einer Gitarre)
	bando	Kapelle
mit zwei Saiten	**çiftetelli**	ein Einzeltanz in moderatem Tempo
	özgün müzik	Musikrichtung der 80er Jahre, Mischung aus **Pop** und **sanat müziği**
leuchten	**parlamak**	ein Star werden

In dieser Weise werden miserable Vorstellungen tituliert:

Ay, başımı şişirdi be!
o Mann, er hat meinen Kopf aufgeblasen
Der klingt, als ob er gleich Kinder bekommt!

müzikten başka her şeye benziyor
das sieht nach allem anderen als Musik aus
Was ist denn das für ein Gedudel?

Bu ne yahu, eşek gibi anırıyor?
was soll denn das, brüllt wie ein Esel?
Wer hat dem denn die Eier abgeklemmt?

Die Wendung **curcuna yapmak**, einen Höllenkrach machen (**curcuna**: eigentlich „lebhaftes Tempo" in der türkischen Musik) kann auch für allgemeinen Krach verwendet werden. Wird aber speziell für unfähige Musiker verwendet.

Aber es gibt ja nicht nur schlechte Vorstellungen, **Allah'a şükür**, zu Deutsch: zum Glück. Wenn Sie eine Zugabe wollen, dann schreien Sie ganz laut **isteriz!** (*wir wollen*).

Pass ma auf lan ...
– Türkisch Slang in Deutschland

Bevor wir einen kleinen Exkurs in den Slang meiner Landsleute in Deutschland machen, möchte ich Ihnen die Entstehungsgeschichte dieser „Sprache" darstellen:

Die ersten Türken kamen Ende der Sechziger bzw. Anfang der Siebziger Jahre in der Hoffnung auf eine bessere Zukunft nach Deutschland. Mein Vater kam 1973 nach Deutschland, worauf zwei Jahre später meine Mutter folgte. Die Türken, die in Deutschland leben, kamen aus allen Ecken und Winkeln der Türkei. Inzwischen lebt eine große „Minderheit" von drei Millionen Türken in Deutschland. Es ist mit großem Abstand die größte zugewanderte Minderheit, die im Ausland lebt. Durch das Fehlen einer regelmäßigen „türkischen Berieselung" in Form von

Fernsehen und Medien, verfiel die türkische Sprache in Deutschland zusehends. Dies als einen radikalen Verfall zu bezeichnen, wäre nicht ganz gerecht, denn es gibt ja immer noch Türken, die sehr gut Türkisch sprechen, obwohl sie schon seit mehreren Jahren keinen dauerhaften Aufenthalt in der Türkei gehabt haben. Durch den Einfluss deutscher Medien, und insbesondere durch die Kinder der zugewanderten Türken, die überwiegend in Deutschland geboren sind und deutsche Schulen besucht haben, hat sich im Laufe der Jahrzehnte eine eigene Sprachlandschaft entwickelt. Grob gesehen, kann man das Türkisch der Türken in Deutschland als eine Mischung aus türkischen Dialekten und Deutsch definieren. Und lassen Sie mich diesen Begriff „Türkendeutsch" nennen, ohne es abwertend zu katalogisieren.

Aus reiner Gewohnheit – eine andere Erklärung gibt es hierfür nicht – hat man insbesondere die Bezeichnungen deutscher Behörden ins Türkendeutsch übernommen. Diese Begriffe wurden zwangsweise in das Türkendeutschvokabular aufgenommen, da man diese Begriffe ständig hört und liest. So ist zum Beispiel **finansamt**, **arbaisamt** und **sosyalamt** auch ein Begriff des Türkendeutsch.

Kein Türke, insbesondere nicht die junge Generation der Türken, verwendet **vergi dairesi** (Finanzamt) oder **iş ve işçi bulma kurumu** (Arbeitsamt). Ferner möchte ich hinzufügen, dass eine konforme Übersetzung eines Begriffes unmöglich ist, da gleichwertige Institutionen in der Türkei nicht vorhanden sind oder nicht vorhanden waren (als Beispiel sei da nur das Sozialamt genannt).

Im alltäglichen Leben haben sich diese Begriffe im Slang der Türken in Deutschland aufgetan (der hochtürkische Begriff ist kursiv geschrieben):

parkaus	**parkplas**
katlı otopark	***otopark (alanı)/park yeri***
Parkhaus	Parkplatz

Hin und wieder hört man auch den Begriff **park evi** *(Parkhaus)*, was aber im Hochtürkischen eine hoffnungslose Verwirrung darstellt. Dem türkischen Sprachverständnis nach kann man sein Auto nicht in einem Haus parken. Auch ich verstehe diesen Begriff nicht. In einem Haus wohnen Menschen.

park yeri verwendet man im Hochtürkischen für eine Parklücke, also nicht direkt für einen Parkplatz im allgemeinen Sinne.

banof	***istasyon***	Bahnhof
rataus	***Belediye (dairesi)***	Rathaus
kompüter	***bilgisayar***	Computer
druker	***yazıcı***	Drucker
gastaus	***lokanta***	Gasthaus
pause	***mola***	Pause

Wenn Türken nicht arbeiten, dann haben sie **fray** (frei). Dieses Wort ist auch schon fester

Bestandteil des Türkendeutsch, da er selbst von der älteren Generation so benutzt wird.

Die jüngere Generation ist da noch saloppper, was die Übernahme deutscher, und auch englischer Wörter ins Türkische angeht, obwohl türkische Entsprechungen vorhanden sind:

CD-Player	***diskçalar***	CD-Player
monitör	***ekran***	Monitor
tastatür	***klavye***	Tastatur
kauç	***kanepe/divan***	Couch
frayştunde	***boş ders***	Freistunde

Die Aussprache der älteren Generation liegt dem Türkischen sehr nahe. Stellen Sie sich ganz einfach einen älteren Türken vor, der mit türkischem Akzent Deutsch spricht. Die jüngere Generation hat die Aussprache hingegen dem Deutschen angepasst, ja sie gingen teilweise sogar soweit, dass Satzbau und Grammatik dem Deutschen angepasst wurden.

Diese Begriffe wurden so übernommen, da gleichwertige Begriffe in der türkischen Sprache fehlen: **katalog** = Katalog. Ein Begriff, der auch in der Türkei gültig ist. Er existiert erst seit etwa 20 Jahren. **markplas =** Marktplatz. In der Türkei gibt es keine gesonderten Plätze für Märkte. Sie werden auf den Straßen veranstaltet. Der zwanghafte Versuch das Wort **pazar yeri** *(Marktplatz)* einzuführen, wird (vorerst) scheitern, da kein Markt 24

Stunden am Tag und 365 Tage im Jahr vorhanden ist. **Yer**, Platz, erfordert eine ständige Aktion in lokaler Sicht. Eher denkbar wäre der Begriff **pazar meydanı** *(Marktplatz)*, da hier keine ständige Aktion gegeben sein muss (denken Sie im Deutschen z. B. an den Potsdamer Platz).

Ebenso unverändert wurden die Wörter für die religiösen Feiertage übernommen. So sind **vainaht** statt ***Noel bayramı*** (Weihnachten), **oste(r)n** statt ***Paskalya bayramı*** (Ostern) und **finsten** statt ***Pantekot*** (Pfingsten) für die Türken hier völlig gängige Begriffe ihrer Sprache, mit denen in der Türkei niemand etwas anfangen kann.

Eine kleine Anpassung an die Sprache wurde durch die Kreation der Wörter für Ostern, **tavşan bayramı**, *Hasenfest*, und **yumurta bayramı**, *Eierfest*, durchgeführt.

Manche Wörter werden nur phonetisch ins Türkendeutsch übernommen. So konnte ich von vielen jungen Türken hören, wie sie eine Tasse als **tas** bezeichnen. Da sich „tas“ wie „Tasse“ anhört, haben viele diesen Begriff so für Tasse übernommen. Das ist grundsätzlich falsch, da **tas** Schale bedeutet, und in keiner Weise etwas mit **fincan**, einer Tasse, zu tun hat. Eine Tasse Kaffee wird dann mit **bana bir tas kahve lütfen** (für mich eine Schale Kaffee bitte) bestellt.

Es ist erstaunlich, wie viele Adverbien ins Türkendeutsch übernommen wurden. So können sich zum Beispiel alltägliche Sätze anhören:

miegal = mir egal

Miegal, ben bunu böyle istemiyom.
bana ne, ben bunu böyle istemiyorum
Mir egal, ich will das nicht so.
mir was, ich das so nicht-will

nayn = nein
kayne sayt = keine Zeit

Nayn, yarın kayne sayt.
hayır, yarın vaktim yok
Nein, ich habe morgen keine Zeit.
nein, morgen meine-Zeit nicht-vorhanden

hauap=Hau ab

Hauap, be sen de!
Git be, sen de!
Ach, du hast doch keine Ahnung!
geh doch, du auch

doh=doch

Doh, öle yapılıyo
evet, öyle yapılıyor
Doch, das macht man so!
ja, so macht-man-es

Fluchen können die jungen Türken hier sehr gut. Dabei übersetzen sie türkische Flüche und Schimpfwörter wörtlich aus ihrer Sprache ins Deutsche, was teilweise lächerlich klingt, anstatt beleidigend:

Ich fick deine Hebamme, lan
Ebeni sikeyim lan!*

Die meisten deutschen Altersgenossen lachen darüber, obwohl die türkischsprachigen Jugendlichen diese ganz böse Beleidigung ernsthaft anwenden. Kein deutscher Jugendlicher hat eine innige Bindung zu dem Menschen, der bei seiner Geburt behilflich war. In der Türkei gilt eine Hebamme als der Mutter an nahestehendsten Person, weil sie bei der Geburt des Kindes die erste fremde Person ist, die das Neugeborene sieht.

Für alle Zeiten, für die Ewigkeit, hat sich die Abschiedsformel **çüs** (Tschüss) ins Türkendeutsch eingebrannt. Selbst die hartgesottensten „Türkischbeschützer", die kein einziges Wort Deutsch sprechen, verwenden dieses Wort beim Abschied, sei es nun persönlich oder am Telefon. Sehr oft wird das uns inzwischen bekannte **hadi** vorangefügt: **hadi çüs!**

Ob sich das als eine eigenständige Sprache oder Dialekt entwickeln kann, ist nicht vorherzusehen. Ich möchte hier auch nicht über die Ursache dieser Sprachentwicklung philosophieren, denn dazu ist dieses Buch nicht da. Ich möchte Ihnen nur die Unterschiede zum Slang in der Türkei und in Deutschland etwas näher bringen.

An dieser Stelle möchte ich die jungen und in Deutschland geborenen Türken in Schutz nehmen: man kann es ihnen nicht verübeln, dass Begriffe aus der deutschen Sprache in die türkische wandern. Das ist kein Sprachproblem, sondern ein rein pädagogisches Problem, das in erster Linie bei den Eltern dieser Kinder zu suchen ist. Hinzu kommt, dass die Türken, die in Deutschland leben, in der Türkei teils abfällig als **Almancı**, also „Deutschländer", bezeichnet werden. Da dient das Türkendeutsch als ein Identifikationsmerkmal, denn auch in Deutschland können diese Kinder nicht den Anspruch erheben, „zu Hause" zu sein.

Ich möchte auch nicht zu erwähnen vergessen, dass viele Türken, die es in Deutschland inzwischen sogar zu prominenten Persönlichkeiten geschafft haben, ihren Anteil an dieser Sprache, dem Türkendeutsch haben. Sie haben mit Sicherheit nicht in böser Absicht die türkische Sprache „verhunzt", sondern ganz im Gegenteil. Sie haben dafür gesorgt, dass durch das Einbringen ihrer Sprache in das Deutsche der Bekanntheitsgrad der türkischen Sprache und Kultur in Deutschland stieg. Von einem Verfall der Sprache kann für mich keine Rede sein, eher von einer Sprachneukreation. Etwas verfällt erst dann, wenn es stirbt.

Kritische Stimmen in der Türkei hingegen sprechen vom Verfall der türkischen Sprache. Mich würde aber eines interessieren: wie viele Wörter hat schon meine Bekannte Kim, die aus Boston/USA kommt und seit 26 Jahren in İstanbul lebt, schon anglisiert? Ich könnte Ihnen einige aufzählen.

Hıyaroğluhıyar! – Schimpfen & Fluchen

Nun ja, was hier steht, muss wohl nicht großartig erläutert werden. Es ist eben unterste Schublade. Aber auch hier gilt: der Ton macht die Musik. Manche Wörter haben ihre flegelhaften Bedeutungen verloren und werden immer wieder in eine Unterhaltung eingeworfen. Unter Freunden werden Sie diese Schimpfwörter öfter hören, aber wenden Sie sie bitte nicht an. Es sind einfach üble Vokabeln. Unsere Fluch- und Schimpfkultur hat ein ganz anderes, wahrscheinlich ein tieferes Niveau als die deutsche Beleidigungslandschaft. Lesen Sie einfach selbst, ich verschwinde in der Zwischenzeit ... ach, übrigens: richten Sie sich bitte nicht nach den deutschen Übersetzungen. Sie dienen nur zur Information und können nicht auf das Sprachverständnis des Deutschen übertragen werden. Die ganz vulgären Ausdrücke sind mit einem Sternchen gekennzeichnet.

Es gibt eine Grundregel: wenn die Familie, oder Familienmitglieder, in die Beleidigung mit einbezogen werden, dann wird's Zeit abzuhauen!

Allah belanı versin!
Gott möge dich strafen!

Das ist nun ein Schimpfwort, das man nicht mehr als Schimpfwort bezeichnen kann. Man hört das ständig in allen erdenklichen Situationen. Mann kann es mit dem Deutschen „verdammt, Scheiße, Donnerwetter, verflucht, verflixt und zugenäht“ übersetzen.

Selbst für den Ausdruck „beleidigen“ existiert im Türkischen ein Ausdruck: **birine ana avrat sövdürmek** (*jemanden mit Mutter Frau beschmeißen*).

Häufig geht dem ein heftig ausgesprochenes und langgezogenes **pööh** oder **püüh** voran.

Dieses Schimpfwort benutzen (logischerweise) nur Männer: **... sikeyim* =** ich ficke ... Es hat eine ähnliche Bedeutung wie **Allah belanı versin**, aber eine Spur heftiger.

Die folgenden Schimpfwörter können von beiden Geschlechtern benutzt werden:

	... sıçayım	ich scheiße ...
	Bedeutung ähnlich wie **Allah belanı versin**	
ich scheiß in deinen Mund auch: „jemanden fertig machen“	**ağzına sıçayım***	fick dich
	Bedeutung ähnlich wie **Allah belanı versin**	
	lanet olsun!	verflucht!
	sikimi yala!*	Lutsch meinen Schwanz!
	manyak	Blödmann / blöde Zicke
	salak	Dummkopf / Pute
	aptal	Idiot / dumme Kuh
zurückgebliebener Verstand	**gerizekalı**	geistig benebelter Vollidiot / geistig benebelte Ziege
findet sich selbst toll	**kendini beğenmiş**	eingebildeter Hochstapler / eingebildete Pute
findet sich einen Scheiß	**kendini bir bok sanmış**	arroganter Schnösel / arrogante Zicke
mit einem Vogelgehirn	**kuş beyinli**	kleinkarierter Depp

Ja, und hier geht es auch schon zwei Etagen tiefer, wobei speziell diese Wendung sehr oft zu hören ist:

amına koyayım*
ich gebe es deiner Fotze
Ich fick deine Fotze

Dieser üble Fluch fließt immer wieder in eine Unterhaltung ein. Man kann es auch mit „verdammt“, „Mist“, „Fuck“, „Scheiße“ oder „Leck mich“ übersetzen. Aber im Türkischen klingt das wesentlich brutaler und rauer als im Deutschen. Deshalb: nicht benutzen.

Schimpfwörter

Hier ist nun die Hardcore-Ecke, alles Beleidigungen weit unter der Gürtellinie. Zur Auswahl stehen:

für Frauen:		
orospu*	Hure	*Holzteil des Sattels*
kaltak	Schlampe	
şıllık	Flittchen, Luder	
kahpe	Schlampe	
fahişe*	Hure, Prostituierte	*die Gestreifte*
sürtük	Flittchen	
kancık	*Weibchen (Tier), hinterhältig*	
amcık	*Fötzlein*	
amını siktiğim*	*deren Fotze ich gefickt habe*	
amına koyduğum*	*die, in deren Fotze ich (es) gelegt habe*	
götüne koyduğum	*die, die ich in den Arsch gelegt habe*	
orospunun kızı*	*die Tochter einer Hure*	
orospunun çıkardığı*	*die Herausgebrachte einer Hure*	
anasını siktiğimin kızı*	*das Mädchen, dessen Mutter ich gefickt habe*	

	für Männer:	
Ausgeburt einer Hure	**kahpenin dölü**	Hundesohn
	orospu çocuğu*	Hurensohn
der Zuhälter, dessen Mutter ich gefickt habe	**anasını siktiğimin pezevengi***	verdammtes Arschloch
	pezevenk	Zuhälter
	puşt	linke Ratte
Fotzenmaul	**amcık ağızlı***	Schwanzlutscher
(nur in İstanbul)	**kapçık ağızlı***	*(Verballhornung von* **amcık ağızlı*** *= Schwanzlutscher)*
	götsurat	Arschgesicht
Fotzengesicht	**amcık suratlı**	Wichser
	yavşak	Labersack
	ibne*	Schwuchtel
Arschgeber	**götveren**	Arschgeige
	siksurat	Schwanzgesicht
	piç (kurusu)*	Hurenbock, Bastard
mit einem Schwanzkopf	**yarak kafalı**	Drecksack
Hühnerstange	**tünek**	Tunte
	hırbo	Dussel, Döskopf
	gavat	Bauerntölpel
	çiftçi	Bauer
Şaban *ist eigentlich ein männl. Vorname*	**şaban**	Blödmann
	şabanoğluşaban	Blödmann im Quadrat *(eine Steigerung von* **şaban)**
Şakir *ist eigentlich ein männl. Vorname*	**(sakar) şakir**	völlig ungeschickter Typ
	eşek	Esel
der Aga der Gurken	**hıyar ağası**	Oberidiot
Birne	**armut**	Schussel, Depp
mit einem Affengesicht	**maymun suratlı**	Affenarsch
	kıro	Landei
Dreck	**pislik**	Drecksau
	berduş	Penner

yarak	Schwanz	
bok herif	Scheißtyp	
eşek herif	blöder Sack	*Esel Typ*
angut	Dummkopf	
domuz*	Schwein	
hayvan	linke Ratte	*Tier*
korkak	Feigling	
ödlek	Schisshase	
yamuk	Dummdödel/schräger Vogel	*krumm*
gevşek	Waschlappen	*locker*
namussuz	Wichskopf	*ohne Ehre*
züppe	Snob	
züğürt ağa	Wichtigtuer / Möchtegern / einer, der sich für etwas besonders hält	
sütü bozuk	ein Dahergelaufener	*der, dessen Milch kaputt ist*
dürzü	Schuft	
uyuz	Schlappschwanz	*Krätze*

Sie merken es schon: es wird langsam später und das Gesprächsniveau beginnt mit fortschreitender Stunde zu sinken. Doch ich will Sie ja nicht außen vor lassen...

Ich möchte mal ganz rotzfrech behaupten, dass wir Türken die übelsten und heftigsten Beleidigungen auf der Welt haben. Nun gut, ich kenne ja nicht alle Sprachen der Welt, aber wenn man mehrsprachig aufwächst, dann fallen einem Vergleiche leicht. Ich möchte erklären, dass nicht alle Schimpfwörter zwingend beleidigend sein müssen. Im Deutschen würden man einen guten Freund zum Beispiel auch mit „na, du alter Sack" begrüßen, was ja hier nicht beleidigend wirkt. Fast schon obligatorisch fügt man ein bereits bekanntes **ulan** vor die Schimpfwörter. Aber dennoch: vermeiden Sie den Gebrauch dieser Wörter.

Schimpfwörter mit **sikeyim,** *ich ficke,* sind die absoluten Höhepunkte unserer Beleidigungen. Das sind ganz böse und üble Bemerkungen und eine handfeste Konfrontation ist vorprogrammiert. Sie beginnen immer mit **senin**, deine(n)

senin ...

ananı sikeyim*	ich fick deine Mutter
avradını sikeyim*	ich fick dein Weib
karını sikeyim*	ich fick deine Frau
sülaleni sikeyim*	ich fick deine Sippe
ebeni sikeyim*	ich fick deine Hebamme
dedeni sikeyim*	ich fick deinen Opa
nineni sikeyim*	ich fick deine Oma
götünü sikeyim*	ich fick deinen Arsch
amını sikeyim*	ich fick deine Fotze

Zunehmend ist festzustellen, dass diese Wörter in eine Unterhaltung quasi als Floskeln eingegossen werden. Ich rate Ihnen dennoch dringend davon ab, sie zu benutzen. Es sind nun mal ganz üble Schimpfwörter, und sie bleiben es auch.

Manchmal gibt es total kranke Kombinationen, wie:

bacısını siktiğimin itoğluiti* der verdammte Hundesohn, dessen Schwester ich gefickt habe
anasını siktiğimin ibnesi* die schwule Sau, deren Mutter ich gefickt habe

Diese Schimpfwortkombinationen funktionieren ebenfalls nur bei Männern. Man kann sie nicht bei Frauen anwenden. Man schiebt zwischen zwei gleichen Wörtern das Wort **oğlu**, der Sohn von/eines, ein. Schon haben Sie eine eine Nummer heftigere Beleidigung als das einzelne Schimpfwort. Wie bereits in vorherigen Kapiteln erwähnt: wir können alles steigern! Beispiel: das Wort **köpek**, Hund. Fügen Sie nach diesem Wort ein **oğlu** ein, und danach wieder ein **köpek**. Dann haben Sie ein **köpekoğluköpek**. Das wäre ein Hundesohn, oder *wörtl.: der Hund, dessen Sohn ein Hund ist.* Manche sagen dazu auch **köpoğluköpek.** Vorsicht: heftige Beleidigung. Es klingt paradox, aber durch Beleidigungen mit **oğlu** (=der Sohn des...) ziehen Sie den Vater in Mitleidenschaft, nicht den Sohn. Diese Beleidigungen können nicht im Geringsten ins Deutsche übertragen werden, deshalb habe ich eine vom Level annähernde Übersetzung beigefügt. Zur Auswahl stehen unter anderem:

itoğluit	Hundesohn
der Köter, dessen Sohn ein Köter ist	
hayvanoğluhayvan	dreckige verfluchte Ratte
das Tier, dessen Sohn ein Tier ist	
eşoğlueşek	verdammtes Arschloch
Der Esel, dessen Sohn ein Esel ist	
ibneoğluibne	schwule Drecksau
die Schwuchtel, dessen Sohn eine Schwuchtel ist	
hıyaroğluhıyar	Oberbauer
die Gurke, deren Sohn eine Gurke ist	

Schimpfwörter für Randgruppen:

dönme	Transvestit
nonoş	homosexueller Mann
ibne*	Schwuchtel, schwule Sau
homo	Schwuler/Lesbe
(homo = *Abkürzung für* **homoseksüel)**	
şorolo	schwul
top	*Ball*
heterozigot	Schwuchtel
sevici	Lesbe

Durch den Sturz des Kommunismus kamen sehr viele aus der ehemaligen Sowjetunion in die Türkei. Aber auch Menschen aus Bulgarien, Rumänien, Ungarn und Ex-Jugoslawien fanden in der Türkei, insbesondere in İstanbul, eine neue Heimat. Viele Frauen ließen sich wegen Arbeitsmangel prostituieren. Diese Prostituierten aus den oben genannten Ländern bezeichnet man abfällig als **nataşa** (Natascha, ein weit verbreiteter Name in Russland). Deren Zuhälter bezeichnet man auch als **pezevenk** *(wörtl.: einer mit Ärger)*.

Wie überall auf der Welt werden bestimmte Volksgruppen mit Schimpfwörtern belegt...leider. Die folgenden Schimpfwörter sollten Sie auf gar keinen Fall in den Mund nehmen, da Sie alle einen negativen Touch haben oder gar eine Beleidigung darstellen. Dies sind die Wörter, die ich am meisten hasse...

çingene*	Zigeuner
für Rumänen, Serben und Ungarn	
almancı	„Deutschländer"
abwertende Bezeichnung für Türken, die in Deutschland leben	
kara fatma*	Schwarze, Afrikaner
so werden auch Kakerlaken bezeichnet	
hans	Deutscher
gâvur*	*Gottlose (alle Nicht-Moslems)*

Bezeichnungen im Milieu

Das älteste Gewerbe der Welt hat auch bei uns Tradition, nicht nur auf der Reeperbahn. Das war schon zu Kaiser Konstantins Zeiten nicht anders, und mit der Übernahme İstanbuls durch die Türken 1453 hat sich daran auch nichts geändert. Prostituierte werden so tituliert:

Inzwischen gibt es in İstanbul sehr viele Prostituierte aus den ehemaligen Sowjetstaaten und anderen Ostblockländern wie Ukraine, Polen, Rumänien oder Litauen, die man abfällig als **nataşa** *bezeichnet.*

nataşa		
orospu	Hure	
metres	eigentl.: Geliebte, wird aber abwertend gebraucht	
hayat kadını	*Lebefrau*	
telekız	Callgirl	*Tele(fon)mädchen*
postal	Nutte	*Arbeitsschuh*
folloş	Hure	*eine „zu oft benutzte"*
yollu	Prostituierte, die am Straßenrand auf Freier warten	*mit Straße*
mal	*Stoff*	
taze et	*frisches Fleisch*	

Die Anführerin eines Etablissements nennt man **çaça**, Puffmutter/Puffbesitzer. Die Arbeitsplätze von **nataşa** und anderen Bezeichnungen für Damen im horizontalen Gewerbe nennt man:

Fakultät

kerhane	Freudenhaus
fakülte	Puff
genelev	Bordell
randevu evi	Verabredungshaus

Die gut zahlenden Kunden dieser Damen heißen **müşteri**, Kunde. Ab und zu beherrschen freundliche und gutsituierte junge Männer das Gewerbe. Diese Menschen tragen die klangvollen Titel wie...

pezevenk	Zuhälter
pezo	Abkürzung für **pezevenk**
çiçekçi	*Blumenhändler*
teres	Zuhälter, *auch:* Schweinehund

Sucuk ve şeftali – Zwischengeschlechtliches

Meine Güte, dafür reicht dieses Buch eigentlich gar nicht aus. In der Türkei war das eine lange Zeit ein Tabuthema, worüber nur hinter verschlossenen Türen oder bei einem **meze** (ein Gericht mit Oliven, Schafskäse und Feinkost, als „Beilage" zu **rakı**, dem „türkischen Ouzo") gesprochen wurde. Im Zuge der

Europäisierung spricht man aber heute viel freier darüber. Gerade in İstanbul ist diese Art der Kommunikation schon völlig normal geworden und man redet viel saloppper miteinander. Doch seien Sie bitte vorsichtig: das gilt nicht für alle Regionen und auch nicht für alle Sprecher in İstanbul. Im Osten oder Südosten des Landes könnten Sie total falsch verstanden werden. In den Provinzen herrschen teilweise andere „Gesetze".

Doch bevor es so richtig zur Sache geht, möchte ich Ihnen den Begriff **karı** näher erläutern. **Karı** kann eine ganz offizielle Bedeutung wie Ehefrau haben, oder eine ganz abwertende und beleidigende Form wie etwa „die Alte". Zwischendrin sind alle Bedeutungen möglich, von harmlosem „Schatz" bis zur „besseren Hälfte", oder „der größte Fehler meines Lebens". In diesem Fall hilft nur der Kontext.

Es ist selbstverständlich, dass Bezeichnungen nicht in Gegenwart des anderen Geschlechts angewendet werden sollten, da sie teilweise zotig und flegelhaft wirken.

Sie zu ihm / er zu ihr:

Mit diesen Bezeichnungen können ganz harmlose Flirtattacken beginnen. Es ist dabei egal, ob ein Mann oder eine Frau diese Floskeln gebraucht. Beide Geschlechter können diese Bezeichnungen für den Partner anwenden. Lassen Sie Ihrer Phantasie freien Lauf...

mein Leben	**canım**	Schatz
	tatlım	Süße/Süßer
	hayatım	*mein Leben(sinhalt)*
	(canım) ciğerim	*(mein Leben) meine Leber*

Die Leber ist eines der wichtigsten Organe des Körpers. Durch diese Bezeichnung bekommt der Partner den höchsten Stellenwert.

sevgilim	*mein Geliebter*
şekerim	*mein Zucker*
meleğim	*mein Engel*

Sana aygın baygınım.
ich bin wach in Ohnmacht in dich
Ich bin total in dich verknallt.

Sana deli oluyorum.
ich werde verrückt für dich
Ich bin verrückt nach dir.

Diese zwei Begriffe sollten nicht verwechselt werden:

sagt er zu ihr	**güzelim**	meine Hübsche
sagt sie zu ihm	**yakışıklım**	mein Gutaussehender

	Sie zu ihr über ihn:	
der Flirt	**flört**	Macker
	erkeğim	*mein Mann*
Verlobter	**yavuklu**	Macker *(westtürk. Dialekt)*
Gaunerei	**manita**	Geliebter, fester Freund

Er zu ihm über sie:		
azgın hatun	geile, wilde Mieze	
veriyor	eine, die leicht zu kriegen ist	*sie gibt*
onu ayarladım	ich habe sie rumgekriegt	*ich habe sie eingestellt*
kız tavlamak	Mädels anbaggern / klarmachen	
gaco	Geliebte, „Freizeitbeschäftigung“	
hafif meşrep	eine, die leicht zu haben ist	*Leichtfuß*
iskele almak	eine Frau heftigst anbaggern (fast schon belästigen)	*Landungsbrücke nehmen*
karabiber	hübsche brünette Schnecke	*schwarzer Pfeffer*
manita	Geliebte, feste Freundin	*Gaunerei*
ateş parçası	*Feuerstück*	
manita yanıyor	scharfe Tussi	*die Freundin brennt*
amma parça ha!	Was für ein Weib!	*welch ein Teil, Mann!*
piliç gibi	dufte, nett	*wie ein Hühnchen*
sermaye	*Vermögen*	
mal	*Stoff*	

yavrum benim kann eine knallharte Anmache oder eine Liebesbezeugung sein. Wenn das ein Fremder zu Ihnen sagt, dann können Sie davon ausgehen, dass das eine offizielle Baggerei ist. Wenn das ein Bekannter oder der Partner sagt, dann ist das eine lieb gemeinte Bezeugung, was wörtlich *meine Kleine* bedeutet. Man wendet diese Formel auch bei Kindern oder Sympathieträgern an.

Nun geht es ein paar Zentimeter weiter in die anatomischen Untiefen. Auch wir haben Bezeichnungen für wichtige oder unwichtige Körperteile.

Sie lauten für...

„Allerwertester":	
kâse	*Schale*
göt	Arsch
kıç	Hintern
popo	
bagaj	*Kofferraum*
kaynak	*Quelle*
semer	*Rückenschurz*
karpuzlar	*Melonen*
kestane	*Kastanien*

Penis, Pimmel:	
sik	Pimmel
yarak	*historischer Begriff für Waffe*
maslahat	*Geschäfte, Gemach*
kamış	*Schilf, Schilfrohr*
sucuk	*Wurst*
malafat	*veraltet für: Kerl*
osman	*ein männlicher Vorname*
ufaklık	*Kleiner*

(basiert vermutlich auf Sultan Osman, dem Begründer des Osmanischen Reiches)

Hoden, Eier, Sack:	
taşak	Hoden
yumurta(lar)	Ei(er)

Brüste, Busen, Titten:	
memeler	Brüste
farlar	*Scheinwerfer*
karpuzlar	*Wassermelonen*
portakallar	*Orangen*
ayvalar	*Quitten*

Vagina, Fotze, Möse:	
am*	*Fotze*
delik	*Loch*
şeftali	*Pfirsich*
kapı	*Tür*

Ausdrücke zum Geschlechtsverkehr

Ach je, alles was hier steht, heißt im Grunde soviel wie den Beischlaf vollziehen, es miteinander treiben oder schlicht und einfach: ficken. Selbstverständlich kommt es hier auch auf den Ton an. Wenden Sie diese Begriffe bitte nicht an, auch wenn Sie sie andauernd hören sollten! Ich habe sie hier lediglich zum Verständnis aufgeführt!

sikmek	ficken	
sevişmek	sich lieben	
seks yapmak	Sex machen	
vurmak	*stoßen, schlagen*	
sokmak	*stechen*	
vermek	*geben*	
gerdeğe girmek	ins Ehebett steigen	
becermek	fertig machen	
ciftleşmek	sich paaren, herumnudeln	
düdüklemek	(miteinander) Pfeife machen	
düzmek	*reiben*	
düzüşmek	herumpimpern	*miteinander reiben*
koymak	*legen, setzen, stecken*	
çakmak	*einschlagen, nageln*	
ilişkiye girmek	es miteinander treiben	*ins Verhältnis eingehen*
çakışmak	*miteinander einschlagen*	

pompalamak	*pumpen*
halletmek	*fertig machen, erledigen*
ateşi söndürmek	*das Feuer löschen*

Masturbieren:	
31 çekmek	*31 ziehen*
tombala	*Tombola*

Oralverkehr - sie macht's:	
saksofon çalmak	*Saxophon spielen*
kamışı yalatmak	*das Schilfrohr lecken lassen*
ağzına vermek	*in den Mund geben*

Oralverkehr – er macht's:	
yalamak	*lecken*

Oralverkehr – beide machen es gleichzeitig:	
69 yapmak	*69 machen*

Analverkehr:	
götten*	*vom Arsch*
arkadan	*von hinten*
arka kapıdan	*durch die Hintertür*
kara inciden	*durch die schwarze Perle*

fanfinifinfon *ist ein Wort ohne Bedeutung. Kann aber auch als Synonym vom „herumfummeln" bis zu „miteinander vögeln" verwendet werden.*

Vorspiel:	
fingirdeşmek	herumfummeln, kokettieren
fink atmak	herummachen
kırıştırmak	*Falten machen*
oynaşmak	*herumspielen*
fanfinifinfon	herumfummeln, herumfingern

kapışmak	sich abknutschen
kurcalamak	*herumfummeln*
parmak atmak	herumfummeln, herummachen
sarmaş dolaş olmak	wie verrückt miteinander herummachen

sich um etwas reißen

Finger werfen

verliebt sein/auf eine Person stehen	
kesilmek	*geschnitten werden*
vurulmak	verschossen sein
bayılmak	*in Ohnmacht fallen*
hasta olmak	*krank werden*
tutulmak	*festgehalten werden*
hoşlanmak	*Gefallen haben*

Verhütung:	
kaput	*Militärmantel, Motorhaube*
kılıf	*Futteral, Hülle, Überzug*
condom	

Menstruation:	
kanamak	*bluten*
aybaşı görmek	*den Monatsanfang sehen*
adet görmek	*die Regel sehen*
kirli olmak	*dreckig sein*

Schwanger sein:	
hamile	schwanger
ikicanlı	*mit zwei Leben*
karnı burnunda	*der Bauch an der Nase*

Orgasmus:	
uçurmak	*fliegen lassen*

attırmak	*werfen lassen*
boşalmak	*leer werden*
zevke gelmek	*zur Lust kommen*
doruğa ulaşmak	*den Gipfel erreichen*
zirveye ulaşmak	*die Spitze erreichen*
aşka gelmek	*zur Liebe kommen*

Hier noch Bezeichnungen für Personen, die nicht selbst Hand anlegen:

Röntgenarzt	**röntgenci**	Spanner
Spinner	**sapık**	Spanner

Tahtalı köyü boylamak – Sterben

Zu guter Letzt – ich meine, wir müssen ja alle mal weg. Für den Fall haben sich folgende Begriffe aufgetan:

	öbür tarafa geçmek	*auf die andere Seite gehen*
	tahtalı köyü boylamak *das Dorf aus Brettern ausfüllen*	davongehen
gesegnet sein	**rahmetli olmak**	sterben
die Hufeisen aufrichten	**nalları dikmek**	krepieren
	geberip gitmek	verrecken, dahinraffen
	cartayı çekmek	abkratzen
für den Himmel sein	**cennetlik olmak**	im Himmel sein
	kalbi dinlendirmek	*das Herz ausruhen lassen*
	gümleyip gitmek	*bum machend gehen*

gümbürdemek	*poltern, donnern*
mortlamak	abkratzen
zortlamak	abkratzen
kalıbı değistirmek	ins Gras beißen
imam kayığı	Sarg
dört kollu	Sarg

die Form wechseln
das Boot des Predigers
das mit vier Armen (Anm.: ein Sarg wird mit Hilfe von zwei Stützlatten, die jeweils links und rechts herausragen, getragen.)

Wenn Sie eine Beileidsbezeugung abgeben möchten, dann sagen Sie **başınız sağ olsun** (*wörtl.: auf dass Ihr Haupt wohlbehalten bleibe*). Als Dankeschön folgt dem ein **dostlar sağ olsun(lar)** (*wörtl.: den Freunden sei gedankt*). Wenn man eine Todesnachricht überbringt, dann sagt man den Namen der Person, z. B. Ali, und fügt **sizlere ömür** (*wörtl.: Ihnen ein langes Leben*) ein.

Literaturhinweise

Es gibt meines Wissens sehr wenige Bücher und Literatur über türkischen Slang und Alltagssprache auf Deutsch. Aber folgende Bücher sind es wert, gelesen zu werden:

Numan Kartal:
Atasözleri ve Deyimler Sözlüğü
Hierin sind nicht nur Redewendungen, sondern auch Sprichwörter erklärt. Eine übersichtliche, alphabetisch geordnete Sammlung über Redewendungen und Sprichwörter (türkisch).
İnkılâp, ISBN: 9751014301

Celal Özcan, Rita Seuß:
Türkische Sprichwörter – Türk Atasözleri
Ein recht gutes Buch, aber teilweise sind die Übersetzungen für jemanden, der die türkische Sprache und Kultur erst zu erforschen beginnt, schwierig zu erfassen. Sonst ganz gut.
dtv, ISBN: 3423093544

Margarete I. Ersen-Rasch:
Türkische Grammatik für Anfänger und Fortgeschrittene
Ein saugeniales und unschlagbares Buch! Die gesamte türkische Grammatik ist bis in alle Einzelheiten erklärt. Respekt, Respekt ...
Hueber Verlag, ISBN: 3190051852

Wenn Sie sich ein allgemeines Wörterbuch zulegen wollen, dann sind Sie mit dem Taschenwörterbuch von PONS (Klett Verlag) gut beraten.

Im Internet gibt es leider sehr wenig über türkischen Slang. Die einzige Adresse, die ich Ihnen anbieten kann, ist die der Türk Dil Kurumu: **www.tdk.gov.tr.** Geben Sie dort die Stichwörter „gündelik dil" oder „argo" ein.

In diesem Register sind fast alle türkischen Begriffe, die in diesem Buch vorkommen, alphabetisch aufgelistet. Dahinter steht die Seitenzahl, auf der das Wort zu finden ist.

A

B

C & Ç

F

G

H

I & İ

J

K

L

Y

Z

Der Autor

DDer Typ auf dem Foto – das bin ich, Al Page, Baujahr 1975, geboren in İstanbul. Ich habe in meinem ganzen Leben noch nie eine Uni von innen gesehen, bin aber mehrsprachig in Deutschland aufgewachsen. Bei meinen Eltern zu Hause wurde (und wird weiterhin) ausschließlich Türkisch gesprochen. Das türkische Fernsehen und türkische Zeitungen taten meinen Sprachkenntnissen ein Übriges dazu. Mein großes Interesse gilt den Turksprachen und Umgangssprachen jeglicher Coleur.

Wenn ich nicht gerade Slang-Wörterbücher schreibe, dann bin ich auf Bühnen und in Studios als Musiker, Texter und Komponist unterwegs. Ich bin „nebenberuflich" auch als freier Übersetzer, Schriftsteller, Sprachlehrer und Fremdenführer, der in den Beruf reingerutscht ist, tätig. Mehr über mich unter www.alpage.de.